Les

Bébés

Mylène Hubin-Gayte

Les Bébés

婴儿的心理世界

[法] 米兰妮·于宾–盖特 著

徐海燕 译

中央编译出版社
Central Compilation & Translation Press

俗见根深蒂固，它们源于民众常识，在岁月流转中，将约定俗成的见解用嘲讽性的句子表达出来。不管它们的起源如何，它们广泛传播一种群体的"现成思维"，使人很难不受影响。

我们出版这套"俗见新解译丛"并不是要重修一部当代的《俗见大观》，也不是执拗地反对一切口头禅和传闻，而是想以此为出发点去理解俗见存在的理由，阐释隐藏在教条表达形式背后的真理部分，通过拉开适当距离就每个议题细致地分析我们当前的认知见解。

Bébé

来自英语单词 baby，在 19 世纪后半叶与另一个外来词 nurse 一起流行于上层社会，最开始是指 10 岁以下的幼儿。"孩子"（法文为 enfant）一词在西方中世纪时专指刚出生的小男孩或小女孩，后指年轻的贵族男子，很快它的词义扩展，覆盖了从出生到青少年期的整个年龄阶段。"新生儿"（法文为 Nouveau-né）一词从 7 世纪开始使用，而（吃奶）婴儿（法文为 nourrisson）和婴儿（法文为 poupon）直到 16 世纪才出现。当时（吃奶）婴儿（nourrisson）仅指被哺乳中的孩子，而婴儿（poupon）用来俗称摇篮中的孩子。此后，nouveau-né 和 nourrisson 在医学上均被用来区分不同年龄阶段的孩子。nouveau－né 小于 28 天，也可以称之为初生婴儿或未满月的婴儿，nourrisson 涵盖的年龄段是一个月到两岁。Bébé 没有取代以上任何一个词语，也不是它们的同义词。令人吃惊的是，使用如此广泛和特殊的一个词，居然如此之晚才填补法语的空白。如今，bébé 一词随处可见，可见人们对于婴幼儿的关注已经到了何等程度。

目录

前言

历史上婴幼儿的地位

3　"母爱是一种新出现的情感"

11　"孩子天性善良"

17　"学着做母亲"

23　"生育只能是件幸福事"

婴儿的能力

33　"出生时宝宝看不见"

38　"初生婴儿什么都能听懂"

43　"宝宝知道妈妈的感受"

48　"宝宝很聪明"

54　"宝宝们长得都一样"

母亲的照管

63　"最好的方法是母乳喂养"

70　"应该放手让宝宝哭个够"

77　"吮吸安抚奶嘴是一种不好的习惯"

85　"人们有区别地对待男孩和女孩"

92　"身体接触是母亲—婴儿关系的基础"

婴幼儿与环境

103　"母亲与孩子之间的关系是独有的、优先的"

108　"如果我孩子入托，他将更善于社交"

115 "要激励自己的孩子"

121 "孩子需要一个心爱物来安慰"

127 结语

前言

从婴儿学到育婴常识

近三十多年来,与婴幼儿相关的一切事物都表现出日趋上升的重要性。育儿杂志和电视育儿节目层出不穷,父母们对其表现出越来越浓厚的兴趣,讨论育儿的沙龙也开始问世…… 透过这种狂热,人们看到了巨大的潜在商机。从学术观点看,我们已经进入了婴幼儿学时期,即从各个形态和各个阶段来全面研究婴幼儿的一门学科。而那个婴幼儿心理学家被戏称为培育室心理学家的时代已经远去。

在当今社会中人们接触到育儿知识有两种类型。一种是媒体传播的肤浅的,简化的,有时甚至是轰动效应式的资讯,另一种是科研杂志上专家们晦涩难懂的论著,他们致力于研究该领域中的尖端问题,常常偏离了父母所关注的日常问题。

按说这些新知识的传播有利于更好地了解婴幼儿，然而并非总是如此。这两类知识是一切关于婴幼儿和母婴关系偏见的来源，常常使父母们陷入迷茫之中，被过量的信息所轰炸，为不实信息所侵害，以致他们常有一种犯罪感。

面对宝宝，一个"好妈妈"不能仅仅满足于"能胜任角色"。我们正在远离只关注婴幼儿营养的时代。随着研究的不断深入，婴幼儿不仅仅表现出"人"的特征，还显示出种种"超智商"能力，母亲们的育婴能力必须达到相应的水平。正因为人们普遍认为父母对于孩子的成长起着至关重要的作用，为此家长们忧心忡忡、紧张不已。

归根结底，宝宝们之所以魅力难挡，是因为研究他们有助于了解人类的起源。他不仅再现了我们唏嘘感叹的孩提时代，而且还承载着我们的未来。不言而喻，一个宝宝至上的时代到来了。

历史上婴幼儿的地位

"母爱是一种新出现的情感"

> 我们不应向自己的孩子
> 表现过多的爱，
> 因为他会恃宠而骄，
> 借此任意妄为。
> ——菲利普·德·诺瓦尔（Philippe de Novarre）

近20多年来，随着对生育能力的掌控，人们可以有计划安排生子，尽管不会做到百分之百如愿，但至少可以预先等待和期盼这个生命。自有生子计划以来，母亲就要经历一个漫长的过程，母亲与孩子间的爱是这个过程的必然结果。儿童的观念是何时出现的？他们在社会中的集体形象如何？当时的母亲如何关爱孩子？这些问题已经成为一些史学家的研究课题。

学者菲利普·阿里耶斯（Philippe Ariès）于 1960 年发表的论著是这一学科领域的经典之作，他在书中指出，直到中世纪末期，儿童在集体社会中占据的地位较低。现代社会里特有的疼爱孩子现象，最早是在资产阶级当中产生，然后逐渐地扩散到普通大众中。阿里耶斯指出社会对儿童特殊性的关注始于 19 世纪，当时"儿童"一词开始使用，涵盖了从出生到少年时期跨越七年的年龄阶段。同时代还诞生了现代意义的"家庭"一词，意为家庭成员通过相互之间的感情联系形成的网状结构。这是否意味着在此之前母亲们不喜爱或者不够喜爱她们的孩子呢？

在古希腊古罗马时代，即公元前 146 年至公元 5 世纪末，父亲与孩子之间、特别是父亲与儿子之间的关系，凌驾于母子关系之上。在这个父系社会中，父亲掌管着孩子生存的权力。希波克拉底就曾公然询问如何知晓哪些新生儿适合存活和抚养。当婴儿生来是畸形或过于体弱时，弑婴现象就时有发生。亚里士多德将婴幼儿的"致命的重大问题"归为疾病和意外事故。当时，父子关系的中心是父亲对孩子的教育，而不是父亲之爱。教育孩子意味着同时控制他的肢体和思维。通过这种教育方式，儿童脱离了其不完整人的身份，逐步向成人靠拢。

中世纪儿童的命运也没有得到改观，人们对儿童群体的特殊性缺乏关注。一旦儿童可以脱离母亲独立成长，而且具备可以生存下去的身体素质，他就被视为成年人，与他们不再有区别，开始和父母一样辛苦地劳动。阿里耶斯形容当时唯一对儿童表露的情感是"肤浅"的。当时父母对孩子的"抚爱"，是没有对"这个滑稽的小东西"所表露出的情感，就像是在抚摸一个"小动物"或一个"不知羞耻的小猴子"。他在家庭之外的社会接触和情感接触的对象仅限于邻居、朋友以及他所属的群体。

当时在西方，人们的儿童观深受着宗教的影响。认为婴儿在出生几周之后（男婴 40 天，女婴 80 天）灵魂才会入体。圣·奥古斯丁的基督教神学赋予婴儿一个非常负面的形象：婴儿生来就带有原罪，他因所有的罪而应受到指责。此后，贝吕勒主教（Berulle，1575－1629）在书中写到：婴幼儿时期是人类天性中最可鄙和卑贱的阶段，仅次于死亡；波舒（Bossuet，1626－1704）认为婴幼儿时期是"动物般的生活"。在如此儿童观的引导下，当时的父母将抑制孩子个性发展作为教育的首要任务，压抑了孩子的天性和愿望。这种观念深入人心，直至18世纪。

那时，人们对母亲疼爱孩子的行为也进行抨击，认为这些情感会促使孩子朝其罪恶的天性发展，它们愉悦了母亲，但却损害了孩子的善良性。曾为英国王室担任家庭教师的西班牙人文主义者斐微斯（Vives，1492－1540）曾这样写到："你担心孩子的冷暖，教他们学习美德，温和地对待他们，那么你是在将他们送往邪恶之路；之后你会痛哭流涕，后悔自己之前的所为。"对待婴儿唯一被推崇的态度就是冷漠。然而，既然出现这些反对过分亲密、避免宠坏孩子的警告，不恰恰证明了当时确实有母亲宠爱孩子的现象吗?

在 17 世纪,将婴儿交由乳母——特别是乡下乳母喂养,被城里的有产阶级视为一件有教养的事情,照料孩子如同从事低贱的体力劳动一般,有失妇女的身份。为了赢得些许尊重,妇女必须出门工作,而非在家照管孩子,这在当时基本不被视为是一项工作。出于经济原因,这种请乳母代为喂养的做法在 18 世纪很快触及到了社会的其他阶层,尤其是广大市民阶层。妇女要出门工作,孩子在很小时就必须与母亲分开,因为他们会给母亲的工作带来不便。当时人们用"玩具娃娃"这个词语来形容孩子,揭示了儿童在当时社会所占据的地位。

将孩子交给乳母喂养,并不一定就证明对孩子漠不关心,与当时出现的弃婴和弑婴现象相比,从中还是可以看出母爱的印记。值得一提的是,尽管当时教会严厉处罚弑婴的行为,它的真实比率还是难以估计。

直到 18 世纪末 19 世纪初,人们相关的观念才发生转变,可以看到母亲角色的集体形象有所变化。在以卢

7

梭（1715－1718）的《爱弥儿》为代表的不少作品中，对孩子的描写也发生了转变。教育方法也在发生演变，从管制型态度演变到了传授式方式，再到真正适合低龄儿童的幼儿教育。那些建议母亲亲自照顾孩子的医学论著数量开始不断增长，第一本育儿手册问世了。公开和孩子在一起不再被视为不得体之举，而正好相反。现代家庭在此时产生了。在史学家肖特·爱德华（Shorter Edward）的记载中，自1860年起所有这些社会转变的迹象开始明显。母亲已经开始花更多的时间去陪伴孩子，并且认为让宝宝感觉舒适是至关重要的，当然乳母代哺的做法还是很常见的。

19世纪末期，这种做法在法国趋于消失。自1833年起，出现了一个专属儿童的场所——学校。依据儒勒·费里法令，公立学校在1877年实行免费和强制教育。因此，"现代家庭"的产生，以及将孩子从成人社会分离的学校随之出现，有利于更好地研究儿童的特殊性，并更大范围地扩展18世纪以来就有的母爱情感。

父母与孩子间的关系似乎是一个逐步发展的过程，与对儿童特殊性的认识息息相关。在西方历史上多个世纪里先后有六种亲子关系模式：古罗马时期的"弑婴"模式，中世纪的"弃婴"模式，14世纪到17世纪的"双重性"模式，18世纪的"侵入性"模式，19世纪的"社会性"模式，及仅在20世纪中叶出现的"合作"模式。我们是否可以认为：母爱诞生于18世纪，扩展于19世纪？

要对前人表达母爱的各种言论进行评估并非易事。像中世纪人们对孩子漠不关心为代表的阿里耶斯的某些观念就遭到了指责。实际上，后来发现的不少记载可以证明，当时母亲对孩子表现出了过多的爱，所以当时以为母爱比起父爱来，更具野性，更发自肺腑，更显本能。还需一提的是，中世纪创作的肖像中也经常出现疼爱孩子的作品。

如果说当时的母亲不如现在的母亲疼爱孩子，或者说不够公开表露，这是由当时的社会经济环境决定的。

对于贫苦阶层来说，就像我们所看到的，孩子是妇女出门工作的障碍，而妇女的首要任务是要帮助丈夫。而且，从当时社会极高的弑婴率可以看出人们对孩子漠不关心。因此可见，父母们没有把这些脆弱的小生命太当回事儿。

"孩子天性善良"

孩子，带着甜甜的笑容，如此之美
拥有柔嫩的善良心灵，欲诉说一切的嗓音，
迅即停止哭泣的秉性……

———维克多·雨果

孩子是一个"真实的、惹人怜爱的、天真"的生命，我们渴望去疼他、爱他，也想去更好地了解他。孩子一直保存着这种奇特性，在过去的几个世纪里曾让人害怕，在当今社会又使人着迷。在《一个宝宝的日记》一书中，丹尼尔·斯特恩（Daniel Stern）试图将自己从成年人身份中抽离出来，像婴幼儿那样去观察、感受和思考。这是一项艰巨的任务，因为受成人身份的影响，人们或多或少会用成人的眼光来看待婴幼儿。如果说婴幼儿的优点在今天备受重视，但是之前并不总是如此。柏拉图就将孩子看成是缺乏理智、近乎动物的一个生命。孩子的特点在于身体柔弱、缺乏判断力，与妇女、老人和疯子等政治生活之外的边缘群体相近。从中世纪直到 18 世纪，婴儿曾经让人们感到恐惧：原始诅咒重压在他身上，其灵魂、理智和身体共同构成了一个有缺陷的个体。他的灵魂迟迟入体，直到快成为成年人时，才能得到救赎。由于孩子与自然保持着亲密的联系，所以他被视为最大的罪恶。圣·奥古斯丁如此写道："难道哭着要吮吸乳房不是罪过吗？如果在我这样的年龄，还如此急不可耐地去垂涎适合我吃的东西，人们肯定会嗤之以鼻的……"笛卡尔认为，婴幼儿时期是一个犯错的年龄阶段，任何人都不得不曾是一个孩子，这个事实是他所有迷失的根源。孩子太感情用事，以至于没有能力判断和思考。成人必须脱离儿童时代，才有可能接近真理。

正如我们所见，婴幼儿的这种负面形象导致了当时社会的看法是必须对孩子采取一种抑制性的教育，其目

的是去其恶劣本性，助其尽早成为成年人。因此必须要
训练他的思维，强健他的身体。德育可以将他的灵魂从
罪恶中解救。体育可以违背他的"动物性"、磨炼他的
身体，使他逐渐接近成年人的外部形态。母亲照管孩子
的做法就在于去完成这项任务。

18 世纪初，莫里索（Mauriceau）极力宣扬襁褓的
正面作用，认为它阻止了新生婴儿继续停留在胎儿状
态，即他"成长发育的动物期"。襁褓可以使孩子的身
体笔直生长，而不像小动物般柔软。孩子出生时，接生
婆的一项任务就是重新塑造他因分娩而变歪的脑袋，父
母的审美或当地的习俗成为他们塑造的标准。对年龄稍
大的孩子进行体罚，这在当时极为常见。

不过，当时还有另一种观念与"坏孩子"的观念并
存。有一批教会人士（如耶稣会会士、奥拉托利会会
士）认为孩子的本性是好的：耶稣不也是从孩提时代过
来的吗？15 世纪，教育学家热尔松（Gerson，1362 -
1428）已经指出，教育者应该保护婴幼儿的天真纯洁和

善良的天性。伊拉斯谟（Erasme，1469 – 1536）在他的教育方针中更指出了儿童群体的特殊性，强调必须要对婴幼儿真正的温柔。在中世纪，人们寄望于神灵来保护孩子。还有一些布道者和教育理论家也十分反对对孩子施暴和过分严厉。

然而，社会观念上真正的转变发生在18世纪。在启蒙运动中，人们大力地颂扬自然和理性的美德，认为儿童身上贴近自然的天性，确保了他的价值和善良，而在过去，这却曾经被视之为缺点。这种对儿童的关注，首先是体现在哲学上，后来也体现在政治观念上。在这一时期，人们开始意识到儿童是国家的力量：应该重视他们，改善他们的生活条件，努力降低高居不下的婴儿死亡率。

卢梭1762年发表的作品《爱弥儿》，引发了儿童观念和儿童教育的革命。他宣称，人性之恶不能归因于原罪，而是社会使其变坏。孩子凭借着他与自然界的亲近，代表着人类的善良。大自然希望孩子在成为成人之前，首先是一个孩子。他们根据自然规律，按照固有的次序和步伐发育成长。希望孩子早日成人而对其拔苗助长，是一种粗暴的干涉。

因此，成人尤其是母亲的任务，就是按照自然规律抚育孩子。譬如说，不再给婴儿打"蜡烛包"式的襁褓，提倡母乳喂养，因为后者是喂养孩子的唯一"自然"方式。这些全新的告诫首先影响到的是贵族阶层和资产阶级。卢梭的理念一直到19世纪才在广泛使用的育儿手册中被引用。此后，医学界逐步取代哲学界，为母亲们答疑解惑。

20世纪初，精神分析法的诞生引发了另一场革命：弗洛伊德在研究中发现婴幼儿也有性欲，让人对他的天真纯洁产生了怀疑。弗洛伊德甚至形容婴幼儿像一个多面的小流氓。这个新观点震撼了当时的公众舆论。他将婴幼儿与性欲、快感这些词语联系在一起，认为他们有能力通过一些自慰的方式满足自己。婴儿的性意识与成年后的性欲直接相关。"当婴儿饱食一顿后，放开乳房，重躺于妈妈的怀抱，两颊红润，面含幸福地微笑入睡，你不禁说，这就是他日后性满足之后的形象。"（《性学三论》）精神分析法的理论认为人类的历史真实性，即他的婴幼儿时期，具有非常重要的地位。

可以说，精神分析法的推广（如果有可能的话），促成了孩子对成人的吸引。成人着迷于孩子，就像在社会里寻找自己的起源，而这个社会里却越来越难发现参照标记。

"学着做母亲"

> "既不明确自己的职责，
>
> 也不明白什么才真正适合孩子，
>
> 她们在自己突发奇想的瞬间一念
>
> 和互相矛盾的各类建议之间游移不定。"
>
> ——都内医生， 新生儿养育顾问

　　西蒙娜·德·波伏娃（1908—1986）曾写道："姑娘不是天生的，而是被变成姑娘的。"同样的问题：母亲是天生的，还是后天变成的，母性可以学来吗？这个问题将母性本能的存在与否推向了争论的焦点。1971年出版的法语《拉鲁斯词典》定义说："母性本能是一种原始本性，它在任何一个正常女性身上产生母性的愿望，一旦愿望得以满足，母亲便想从身体和心理上保护孩子。"

母性本能引起注意是在人们开始重视母亲与婴儿之间的关系之后。直到 19 世纪末期,"母爱才被视为是一种自然本能,缺乏母爱的妇女被看成如同魔鬼一般。"贝尔纳·施纳贝（Bernard Schnapper）如此写道。

自卢梭的观点问世后,人们开始认为与自然的联系是母亲与孩子之间关系的一部分,不应该破坏孩子的天性,而要去尊重和适应它。母亲任意释放的爱应该在自然的引导下,最大可能地保持自然性。卢梭写道:"应该从某种程度上教会母亲使用这种已经被丢失和遗忘的自然声调,来指导她们所有的行为和动作。"

母性本能概念已被提出,但人们还是谨慎地看待母亲照顾孩子的自然能力,她们的脆弱性、感性及无知,不利于孩子的教育,所以急需一部真正意义上的育儿法则来对她们进行指导。

于是,崇尚自然天性的教育观和依据医学知识的教育观相互对峙。后者强调保健的原则，而摒弃了大众的习俗。凭借着权力和威望，医生们可以强加于母亲们一些以医学新发现为基础的行为法则。

自六七十年代起，育儿书籍的内容有所变化，随着卫生条件的改善，人们不再过多强调已被普遍接受的卫生原则，而将重心转向婴幼儿话题，这在过去几个世纪里一直是片空白。此类书籍向妈妈们建议面对孩子时应该采取的行为，提供有关疾病、幼儿运动发展和体格发展、饮食规律、看护方式等方面的信息。参与育儿指导工作中的除了儿科医生，还有心理学家和精神分析学家等多学科专家。

围绕着存在母性本能的这一假设，人们归纳出一系列复杂的后果，需要在此仔细地探讨。首先，如果承认这种母性本能的存在，那么医学和育儿学说都变得毫无意义，因为唯有母亲才通晓最自然、最本能的育儿方式，孩子才能得到更舒适、更好的照顾。如此一来，儿科医生和育儿专家的作用大为减小。此外，母性本能的存在学说，使妈妈们感到责任更加重大，她们产生了困惑：如果觉得自己不能胜任，是否说明自己是个不称职的母亲。

英国著名的儿科专家及精神分析家温尼科特（Winnicott）博士通过与许多位母子的接触，成为最先对此加以理论化工作的先驱之一。他指出：女性在怀孕末期和婴儿出生最初几周，有一个被称为"母性初级焦虑"的特殊心理时期。这种状态类似患病状态，因为它具有过渡性，而且倘若女性以前没有生育过，这种状态近乎疯狂。这种"自然的"、甚至"天生的"的症状在大多数母亲身上可见，往往使她们与自己的孩子同化，从而回到自己的婴幼儿时期。

这些精神活动帮助妈妈们以最合适的方式来适应宝宝，满足宝宝的需求。温尼科特认为，母亲给予宝宝的照顾不仅仅是物质上的，也是情感上的，有利于婴儿的心理形成和智力发育。对于那些知道如何做才对孩子有益的产妇，温特尼称之为"正常能力的母亲"。这是因为她们基于心理与婴儿共鸣互通，处于与孩子紧密相连的精神阶段（目前也正在研究父亲的情况）。他无意向妈妈们给予任何建议，而是作为原则鼓励她们充分调动自己观察宝宝的能力。

以这些理论为基础的关于围产期（即婴儿出生前后这段时间）的研究发现，母亲们在初产后有一个情绪敏感期。她们情感脆弱，迷失了自我，对于已经成为人母深感焦虑，担心不能很好地照顾宝宝。越来越多的心理学家和精神病科专家认为这是一种与精神状况相关的正常的焦虑症。此时的产妇认为任何信息和建议都很重要，与宝宝相关的一切都事关重大。然而，孕产妇的这种精神状态并不具备普遍性，因为它并非都存在于历史上所有的时代和同时期所有的文化中。

其他一些关注母性本能的研究主要集中于观察母亲对宝宝的行为。发展心理学中的"父母的直觉"指的是在婴儿发出信号 200 到 500 毫秒之后的父母的无意识行为，这个时间根本不允许考虑出一个理性的回应。妈妈们对宝宝说话所采用的语言就是一例：当我们跟小婴儿讲话时，语音、语调、节奏和所用词语，都会有所变化。讲话时我们自然而然地和宝宝保持一定的距离（20到30厘米之间），还能无意识地迅速判断出宝宝的觉醒状态。这些直观的行为与宝宝的觉醒状态、视觉及听觉能力保持了一致。

父母的能力在此表现出来了，要作出尽可能符合孩子的行为其实并不需要考虑。

但是，必须要防止将母性本能与母子依恋行为相互混淆，前者是产后在母亲身上的一种可以自主控制的状态，后者则相反，是日积月累逐渐产生的。产后是一个双重适应的时期：孩子适应母亲，母亲适应孩子，母亲特有的精神状态将有利于这种交汇的顺利进行。

"生育只能是件幸福事"

一位青年产妇在面对孩子出生这件乐事时
并不总是满怀喜悦，对此该如何理解？

在当今的社会里，生育阶段通常被展现为是一件幸福完美、完成人生大事的时期，它只能是幸福的。如今，越来越少的母亲将生育孩子看作是"意外事故"，所有人都为此感到喜悦，而在 20 世纪上半叶，情况却并非如此。打开任意一本介绍孕育过程的书籍，"生子这个崇高乃至神圣的愿望"都出现在各个篇幅。

80 年代初期开展了许多关于"生子愿望"的研究。之所如此，因为一方面，越来越多的妇女采取了避孕方式，另一方面，出现了可以研究生育障碍的医疗辅助生育手段。当一些妇女出于非临床的原因不能生育时，研究更能让人感觉到她们生子的愿望。

人们通过研究澄清了某些概念的模糊性。通常，生子的愿望总伴随着以生子为目的怀孕的愿望。这种连贯性，显得十分有逻辑性，有时却会被打乱。某些不育症是由心理原因造成的。在这种情况下，对怀孕的渴求往往取代了生子的渴求。有些妇女可以非常清楚地解释出她们为什么渴望怀孕：期望身为人母的喜悦、与宝宝合二为一的感觉，以及通过怀孕证明自己是真正女人的必要性。然而，她们并不能够在头脑中勾画出未来的孩子。拉乌尔－杜瓦尔（Raoul－Duval）和弗里德曼（Frydman）在 1984 年所出版的书中写到，这些由于心理原因不能孕育、申请体外受精的妇女是"为了生子愿望而入院"。

同时需要指出，长期以来人们在头脑中将避孕机制和受孕机制相混淆。人们采用避孕手段可以有效地决定何时不想要孩子，却不能知道多久以后可以要个孩子。

"虽然生育可以是个有目的的规划，但愿望未必总是如愿，孩子不可能完全按照既定的计划来到世间。"（弗莱斯科［Fresco］及西尔维斯特［Sylvestre］，1979）

当妇女对生育怀有双重情绪时，其生子的愿望变得更加复杂。有些女性经常会说："我想要孩子又不太想要，想要却……"从中可以看出有意识情感和无意识情感微妙地交织在一起。根据弗洛伊德理论，这种愿望可以从恋父情结中找到根源：小女孩在放弃对父亲的幻想之后，将这种心理上的需求转为对父亲的孩子的向往，继而渴望拥有丈夫的孩子。此外，有了生子的愿望之后，她们会不同程度的有意识地回忆起儿时的自己与母亲的关系。这种愿望首先是渴望能够成为一名母亲，其次是成为像自己妈妈那样的母亲，同时可能会回想起儿时与母亲之间的过节。由此可以说明为什么许多女性在怀孕期间会出现焦虑，由于自身无法解释的矛盾心情，她们心中更是有无数关于孩子的疑问。

因此，务必需要认识到"生子愿望是伴随着矛盾情绪出现的。一个使妈妈们放松的最佳方法就是让她们知道情绪上有矛盾是正常的"（布拉泽顿［Brazelton］及克拉姆［Cramer］，《最初的联系》，1990）。专业人士（产科医生、心理学家和普通医生等）在与产妇的接触当中做到这一点并不是很难：经观察发现，年轻产妇有一种需要倾诉的需求。她们很轻松地回忆起那些已被遗忘的童年往事，与将要出生的孩子相比，谈得更多的是儿时的自己。

心理上的矛盾情绪能被社会的二重性矛盾加强，因为社会没有明确它对孕妇的角色：一方面，社会有责任保护怀孕妇女来实施生育政策；另一方面，社会将她们隔离在活力世界之外，母亲的身份使她们失去了从前的社会地位，不再是职场里的生产力了。

宝宝还未诞生时，母亲幸福的形象几乎没有受到太大的影响。然而产后的女性面临着更加困难的处境。在十月怀胎的日子里，她们的地位变得无比尊贵，是所有注意力的焦点。一旦分娩，宝宝排挤了她们的地位，吸引了所有人的关注。新妈妈经常抱怨有一种被孤立的感觉。此外，她们还要面对同生育一样被过于理想化的小婴儿。因此，理想与现实的差距导致她们心情沮丧，习惯上表现为抑郁的症状，这就是人们所说的"产后情绪不稳"。

几个世纪以来的助产士们无数次目睹了这种症状。希波克拉底也曾经提及过它。直到 50 年代、尤其是 70 年代，才出现了第一批的临床说明，又称它为"第三天综合征"或"短暂性抑郁"。在所有的病例中，都提到母亲性情上的变化，具体表现为：极度敏感、易怒发火、喜欢独处、表达困难、不苟言笑、易焦虑感、疲惫不堪、喜怒无常，以及情绪抑郁（想哭、感觉虚弱无力）。这种种迹象在新妈妈身上很容易发现，为产妇护理人员所周知。根据数据统计，在所有文化和文明中，有 50% 至 70% 的产妇都经历了这些状态。

产后情绪不稳症状出现在婴儿出生后的第三天和第五天之间。其原因复杂，对此有着诸多假设解释。其中一种生理上的解释是因为产后激素水平荷尔蒙分泌发生急剧的变化。近期研究发现产后情绪不稳与经期前紊乱有关联，由此推测某些对激素水平变化具有独特敏感性的女性将会产生抑郁。另一项假设认为产后情绪不稳是身体或精神上的紧张状态结束之后出现的一种典型的反应，还有人将之比拟为体育赛事或者智力比赛后第二天的抑郁情绪。其他一些猜测更多的是从心理学上进行解释：情绪不稳是一种丢失状的反应，因为孕期结束了，合二为　的感觉消失了，对未来孩子的理想化也消失了。

某些女性会经历另一种抑郁的状态，出现在产后的六到八周，这种情况被称为"产后抑郁症"。这种影响广泛的综合征触及到了 10% 至 15% 的产妇，属于病理学的疾病。针对产后抑郁症的研究显示，它造成了母婴交流的早发性机能障碍。这些激烈的反应以后会导致婴儿在心理和认知发展上出现困难。因此，需要考虑采取预防性措施，尤其要关注产后情绪不稳的女性，因为她们更容易在几周之后爆发产后抑郁症。

新妈妈那种满意、喜悦和幸福的形象早已深入人心，于是，产后情绪不稳、尤其是产后抑郁的产妇不敢承认和吐露此事。通常，她们借口劳累或者需要照顾宝宝而不去看专科医生。有时，新妈妈身体上的不适在出现几个月之后才被全科医生诊断出。因此，十分有必要设立一项政策来预防新生儿母亲的情绪紊乱。

婴儿的能力

"出生时宝宝看不见"

比宝宝能真正看见东西更重要的是，
在妈妈和宝宝之间有眼神的交流。

当你在走进一位刚刚分娩的产妇的病房，对方得知你"育婴专家"的身份之后，首先最多提出的问题之一就是："我的宝宝能看见东西吗？"关于初生婴儿的视觉能力的观点和说法多种多样，有的母亲就听说"婴儿只看得见影子"，其他的则认为"婴儿在满三个月之前什么都看不见"。就像所有的信仰一样，它们也有一定根据。神经吻合术数据显示，婴儿视觉系统在其出生时尚未发育成熟，需要三到四个月的时间来完善。他们的视觉活动能力差（不能看见细节），视觉调节欠佳（视觉模糊），两眼视线高度会聚，因此妈妈们有时会看到宝宝双眼像"斗鸡眼"，还为此忧心忡忡。

然而所有的一切既不影响宝宝们观看外部世界，也不妨碍他们有效地运用自己的各种感官能力。人们观察出婴儿有两种目光：一种是"视觉目光"，在视觉活动中用来观察事物；一种是"魔幻目光"，用来和妈妈进行眼神交流。

自 70 年代起，对婴儿视觉的研究在婴儿早期能力的所有研究中备受关注。由于在婴儿研究中采用了新技术，对其视觉能力的了解有很大进展。要了解婴儿能分辨哪些形状和色彩，仅靠观察是不够的，还需要科技手段。一项名为"习惯法"的实验中，反复给宝宝的眼部以视觉刺激，比如反复观看一幅图画。到了一定的程度，宝宝的兴趣开始减退甚至消失：他不再看了。于是给宝宝换一幅图，如果他重新再看，可以推论出他察觉出了这两幅画有所不同。这是许多研究婴儿视觉能力的方法之一，其他方法之后将一一列举。

新生儿的眼球能随在面前移动的物体或面孔活动，横向移动中的追视能力要比纵向移动中的能力强。这种能力只能在被称为"安静觉醒状态"时可以观察到，而且受时间制约，因为宝宝在出生之初很难集中注意力超过5分钟以上。新生儿最佳的可视距离在20到30厘米之间，正好是被妈妈怀抱时距离她面孔的距离。

他观察曲线的时间比看直线的时间更久。如果给他看一个内含图形的圆圈，他的目光会集中在圆圈的外部轮廓，而不是内部元素，图形的反差使他感兴趣。为吸引婴儿注意力，只需给他看一些类似国际象棋棋盘或被儿科医生偶尔使用的同心圆的黑白相间的图形。在彩色图形中，婴儿更偏爱鲜艳的颜色（红色、黄色），到三月龄时他才能用成人的方式看各种颜色。

在所有的外部刺激中，婴儿最喜欢人脸。1991年，舒恩（Schonen）在一项试验研究中，给婴儿看一些同人脸的形状和大小都一样的脸谱，但只有一个脸谱的眼、鼻、口是规则的更接近真实人脸上的位置，而其他脸谱上的五官位置都是不规则的。婴儿们对最像人脸的那张脸谱表现出明显的偏好。是否从出生那一刻起他们就对人脸比对物体更加敏感？是否是因为他们第一眼看到的是妈妈呢？

除了视觉能力之外，目光对于母亲和宝宝之间建立起最初的依恋关系具有至关重要的作用。经观察和调查，宝宝在吃奶时注视着妈妈对于母亲来说非常重要。当宝宝是妈妈的第一个孩子的时候，妈妈有时会把宝宝视为一个陌生人，只有在相互间出现目光的交流时，她才感觉自己被"认出"了，宝宝不再陌生。妈妈倾情地投入，细心地去感受，不断给宝宝的目光以回应，依恋关系以这种方式逐渐地建立起来了。

有一点很重要，一旦婴儿将目光转移，妈妈不应强行使他注视自己。婴儿的注意力受其视线指引，表现为周期性动作，注意力集中期和注意力减退期相互交替。后者对于婴儿的自我控制能力，以及他面对内、外部刺激时的自我重新调整十分有必要。妈妈因此要适应婴儿的节奏，遵守他的作息时间。某些被称为"侵入式母亲"的妈妈做不到这一点，她们不让宝宝自主地转动眼神，当宝宝转移视线时往往感到极端不安，而去强行让他重新面对自己。一般来说这样只会加重婴儿注意力的减退。

相反，固定不动的目光是视觉交流中另一个机能障碍的标志：某些宝宝在受外部刺激几分钟后依然不能够转移视线，是因为他们处理信息的能力有限。因此，当妈妈察觉到母子间视觉交流进行不畅时，应该提高警惕。

宝宝的眼神让妈妈感到满足，更加觉得自己是个"好"妈妈。反之亦然，妈妈注视宝宝的眼神有助于婴儿心理的形成。交互的目光帮助宝宝构建自我形象。孩子因妈妈的目光而存在，妈妈因孩子的目光变为母亲。

"初生婴儿什么都能听懂"

近30 多年来，
大家都说对婴儿讲话很重要，
甚至在他们出生之前就要开始。
他们能听见吗？
他们真的懂吗？

　　婴儿在能听懂话之前，首先必须能听见。然而，新手妈妈经常急于想知道她们的宝宝是否能看见，却很少关注他是否能听见。这一点其实很好解释：在怀孕期间她已经通过实践证明宝宝有听觉反应性，并利用它来与宝宝进行交流。她们清楚，对胎儿讲话很有必要。不仅是为了胎儿的听觉能力，而且为了以后宝宝能辨认出她们的声音，这里的问题是：婴儿是否能真正听懂母亲所言，是否有必要什么都说？

婴儿的听觉能力很强，出生时听觉系统就已经基本发育成熟，因为胎儿听觉感受器在胎龄七个月时已经基本成熟。而且，婴儿能够分辨出不同的声音。

如果新生儿处于安静觉醒状态，他可以辨认出声源的方向，不论是人说话的声音，还是摇铃的声音。他更偏爱人的声音，其中对妈妈声音的喜爱胜过任何一种声音。相反，听到爸爸的声音或其他男子的声音，他的反应都一样。婴儿做出反应需要时间较长些，因此给他听的声音不应过短。相对于单纯的声音（如音符声），婴儿更喜欢听复杂的声音（如玩具的嘎嘎声、锣声）。他对于声音的不同频率很敏感。低沉的声音使他平静，尖锐的声音使他觉醒或恐慌。婴儿偏爱频率在 500 到 900 赫兹、强度接近 60 分贝的声音，这和人声的特点十分相符。

自出生起，婴儿已能分辨出语言中的不同语音。在第四天或第五天时，他能听出一些语音的不同，比如 ba

和 pa，ba 和 bi。他能分辨出在肚里时就已经十分熟悉的母亲声音，要知道，在母体中的胎儿处在 90 分贝左右的背景噪声之中，他听到的多是低频率噪音，来自母体和他自己内部。在此声音背景下，胎儿也能听到来自外界的噪音，但被减弱了，特别是一些高频率噪音。因此妈妈的声音是失真的。可见，新生儿分辨出来的应该是妈妈说话的语调。

此外，只有当妈妈对宝宝说话的时候，婴儿才能区别妈妈和其他女性的声音。如果妈妈单调地朗读文章，婴儿马上失去兴趣。人们在慢镜头回放的录像里观察到，妈妈在对宝宝说话时，可以看到宝宝的动作随着妈妈的音调变化而展开。妈妈也在调节语言以适应宝宝的活动。她的语言为迎合宝宝出现了下列特点：说话平均频率比平时高，语调起伏非常大，发音和重读被夸大，语速变慢，以及经常出现重复。

可见，自出生起，一切都有利于母亲与孩子之间顺畅和完美交流的条件就已具备了。

当然，婴儿能够听见并不意味着他能够理解话语的意思。弗朗索瓦兹·多图（Francoise Dolto）提出，婴儿具有一种听觉能力，使他可以听懂妈妈的话。妈妈的语言有一种类似精神分析上的诠释效果。"只需对婴儿把冲突解释清楚，问题就可以解决了。在母亲语言的影响下，婴儿的行为可以改变。"

大部分发展心理学的研究表明，母亲说话的音调和节奏其实比说话内容更重要。在此基础上，精神分析学又发现，最为重要的是母亲语言的情感价值，即她说话时从情绪中传递出来的信息。当妈妈在照料宝宝时爱怜地称他为"小脏猪"或者"小坏蛋"时，这些词语的实际含义对于宝宝而言没有任何意义，而且宝宝还很高兴被这样称呼。因此，孩子接收到了正面的情感价值，对词语的意思完全不懂。有些妈妈煞费苦心地向宝宝解释她的一举一动，就仿佛孩子生来具有和成年人一样的领会动机，然而，只有当宝宝获取话语的符号编码时，所有的词语才能够体现实际的含义。母亲对婴儿说话的内容需要通过变化姿态、模拟及肌肉紧张度来表现。总体说来，婴儿对肢体语言的反应更加强烈。

因此，对婴儿讲话十分重要，同样，"讲婴儿能懂的话"也很重要，婴幼儿能听见一切，并不代表他能听懂一切。否则的话，那就证明婴儿具有和成人一样的思维模式了。

"宝宝知道妈妈的感受"

人们一直强调，对于宝宝的感受，

妈妈有敏锐的感受力。

然而他们是否知道，

宝宝感受妈妈心情的程度呢？

婴儿刚出生后，妈妈对宝宝说的主要都是表述爱意的话语。随着婴儿逐渐长大，话语主要用来传递信息，但在最初的几个月里，亲子交流主要还是情感交流。当妈妈对宝宝讲话时，所建立起的交流模式距离语言本身甚远。在这种被称为"次语言"的交流模式下，相对话语交流而言，母子间更多的是情感方面的交流。

然而，对于胎儿洞察母亲情绪的能力的科学研究，至今还是空白。有一些在怀孕期间受过刺激的母亲认为，她们的宝宝在当时感受到了妈妈的情绪，担心这可能会影响孩子日后的成长。我们今天仍无法证实这种猜测，但是注意到这种想法不约而同地存在于各种文化之中。例如，印度的传统医学就认为孕妇的情绪、行为和思想会对胚胎产生影响。

达尔文是最早对婴儿情绪进行研究的科学家之一。他强调，自我表达能力和识别情感能力具有普遍性。初生婴儿具有喜悦、难过、惊奇、恐惧、愤怒和厌恶这六种"天生"的情绪反应，他身边的人可以识别到，婴儿自己也能从别人身上识别出来。婴幼儿通过姿势和身体的曲张来表达情绪，抱着他的人能很快察觉出来。同样，婴儿对母亲通过姿势、运动和抱孩子的方式所表达出的情绪也很敏感。一个情绪紧张的母亲怀抱宝宝的方式不会与心态平静的母亲一样，她当时的情绪状态也随之传递给了孩子。

对他人情绪反应的敏感性和反应力在发育过程中不

断演变。在生命的最初阶段，凭借与生俱来的心理机制，婴儿可以近乎本能地理解他人的情绪反应。七到九月龄时，婴儿有意识地分享与各种事件和物体相关的经验，分享身边人的情绪反应。这种变化可以说是婴儿能将自己与母亲相区别的结果。此时，在婴儿心理上出现了一个根本性的变化：他察觉出别人也可以拥有或者创造出与自己一样的心理状态。至此，对婴儿而言，与他人分享一种感言，一种情况成为了可能之事。

从这一年龄阶段起，可以辨明婴儿通过哪些方法去感受他人的情绪。

所有这些方法中，情感协调这种实验起了十分重要的作用。这种经验不是简单地模仿别人的情绪状态，而是用另外一种形式传递出来。举例而言：一个九月龄的婴儿坐在妈妈对面，手持玩具由高至低摇晃，显得比较有兴趣和开心。他妈妈观察到之后，开始跟随着宝宝运动的节奏，从上至下摇晃脑袋。

在婴儿六个月之前，母亲往往有大量的模仿行为，几乎都采用了和婴儿一样的运动模式。通过模仿行为，宝宝发现妈妈理解了他的行为，但是此时并不能产生一种情感上的交流。为了让宝宝能够分享情感，父母必须学会从宝宝行为中读懂他的情绪状态，然后行为表现出和宝宝一致，而不一味地去模仿，进而让宝宝明白父母的行为与自己最初的情绪有一定关联。

情感协调并不仅仅只是他人对婴儿内心状态的一种"反射"，它更能说明他人感受并且分享了这种状态。

将近一周岁时，婴儿开始寻找身边人表达感情的方式。当遇到判断不准的情景时，他非常积极地参照成人的反应。这就是我们所说的"社会参照"。例如，在实验中给婴儿看一个不常见的刺激物，比如，一个嘟嘟作响的闪光机器人玩具向孩子靠近，孩子看着妈妈。如果妈妈对着机器人微笑，孩子则也一样。更常见的例子是，当小孩摔倒在地，他首先看周围人的反应，并没有开始大哭。在大部分情况下，如果他发现没有人注意到他摔跤，他就安静地接着玩。

当母亲和婴儿之间情感交流重要性被发现之际，情感互动这个概念就诞生了。妈妈发觉自己表达感情有困难时（如患有抑郁症的妈妈），孩子也会受到影响。"无表情的面孔"（英文是：still face，法文是：visage impassible）这项实验突出了情感互动的重要性：三个月大的婴儿，放松地坐在妈妈对面。妈妈开始与宝宝在游戏，随后停止游戏，面无表情三分钟。在婴儿身上我们观察到了什么？他在试图用眼神、微笑和手势重新建立起交流。如果妈妈置之不理，他就退出互动，满脸忧虑地大哭起来。如果妈妈继续游戏，宝宝稍事停顿之后，重新开始与妈妈互动交流。

心理学家推测，"无表情的面孔"中的情景再现了抑郁症母亲的真实经历。可见，对母亲们情绪上出现的问题做好预防工作，具有极为重要的意义。

"宝宝很聪明"

婴儿不会讲话？别相信这个。

他们思考的一点都不少。

——雷居叶（lecuyer），

《婴儿的智力水平40题》

继60年代着重研究婴儿的感觉和感知能力之后，今天的研究人员对婴儿的智力发展更感兴趣。也可能是他们的论著发挥了作用，越来越多的父母希望将他们的孩子培养成为一位学院院士或者综合工科学院高材生。在美国，人们常提及"超级宝宝"，这些孩子不仅"十全十美"，而且还"智力超常"。父母都是尽早地教他们认字和数数。这个现象引发出关于早期模仿和早期教育的问题，在下文中我们将会提到。在这里首先必须明确一点，关于对婴儿的智力水平的理解，在父母和科学家之间存在着一个误会。

瑞士心理学家让·皮亚杰（Jean Piaget，1896 - 1980）一生都致力于研究儿童智力如何发展到成人的理性水平。他主要的学说表明儿童不像成人那样理性地去思考，很难做到长时间记忆。他还创立了一套理论说明了从出生到12岁儿童思维模式的发展。

智力可以视为是一种适应物理环境的形式。皮亚杰指出，婴儿自出生起就具有适应外部环境特点的手段。因为他拥有感官能力（视、触）以及运动能力（扔、拿），婴儿主要通过物体来认知外部世界。皮亚杰认为，在最初的阶段，婴儿所处的世界支离破碎，只有当他通过快速动作抓住物体时，后者才存在。在前几个月里，婴儿观察到的物体和他能做的不同动作一样多。因此，同一个物体将被他看成是不同的，因为他有时的动作是"观看"，有时的动作是"触摸"。此外，只有当婴儿看到物体时，物体才存在，也就是说，物体对婴儿而言是：即离即消。

皮亚杰是通过观察自己的孩子来得出这些结论的。申明这一点，并不是为了贬低他那些多种多样、有条不紊和细致入微的实验，而是因为在 60 年代人们目睹了一场方法学的革命，以"习惯法"为例的研究婴儿的新技术已经出现。今天的婴儿并不比 40 年前的婴儿聪明，只是现代手段可以更加细致地研究他们的能力。这些手段产生了一个更重大的发现：婴儿首先是一个"感觉灵敏"的个体，有能力处理信息。

而在今天，智力更多的被视为是一种整理知识的手段。婴儿通过观察能力获取了这些知识。因此我们将亚杰所拒绝的认知能力赋予了婴幼儿，尤其是认为消失的物体还继续存在的能力。

皮亚杰曾提出一个假设，婴儿通过各种感官的协调来认识物体（视觉与抓握物体能力相配合）只可能在近四个月大的时候才能实现。在此之前，他对物体的认识来源于所使用过的感觉方式。然而，近些年来，有一种被称为"交叉方式"的假设颇受关注，通过对一周岁婴儿进行的实验得到了证明：在不让婴儿看到所提供奶嘴的前提下，让一组婴儿吮吸光滑的奶嘴，另一组婴儿吸带有颗粒状突起的奶嘴。人们惊讶地看到，吮吸光滑奶嘴的婴儿和吮吸有突起奶嘴的婴儿一样，后来都认出了自己吸过的奶嘴。因此可以推断，通过一种感觉方式获取的信息传递给了另一种感觉方式。婴幼儿所处的世界比我们之前想象的更有条理。

将物体分门别类似乎是一项复杂的认知活动。然而，最新发现显示，婴儿具有分类能力和抽象化能力。他知道将多件物体的共同特征抽象化。一项研究显示，如果给一些七个月的婴儿展示一组不同的男性面孔，他们能建立起"一般男性面孔"这个类别。接下来，如果先给他们看一张女性面孔，再看一张没有看过的男性面孔，只有男性面孔被他们视为熟悉的刺激物。

相似的另一项实验是用几何图形进行的：如果给婴儿看一组面积相等、但长短不一的长方形，他们会自己构建出一个普通长方形的原型。因此，婴儿具备发现一个物体或一个人普遍特征的能力，也因此有可能塑造出他们的原型。

婴儿还会建立起事件的因果关系。在实验中展示两个球，按照不同的情况滚动。在第一种情形下，一个球与另一个球相撞后滚动，看上去仿佛被另一个推着前进。在第二种情形中，一个球在相撞之后过一段时间才滚动。第三种情形中，一个球滚动之后才与另一个球相撞。自三月龄起，婴儿就知道将由于因果关系引发事件的情形（即第一种情形）与其他的区别开来。

所有这些实验结果显示，婴儿有组织的知识结构使他们很早就能在一个协调一致的环境中生存，而不是像我们长期以来所认为的生活在一片混乱之中，很晚才开始协调。

长期以来，我们一直以二分法视野来看待儿童。一方面，精神分析学家关注他们的情感性，另一方面，实验心理学家和认知心理学家研究他们的认知发展。因此儿童的内心世界被一分为二，丧失了他的一体性。如今，尽管这个问题没有彻底解决，但是这两种流派已经在联合。越来越多的研究人员认为，如果婴儿生来就具有智力水平，那么他是社会性的。他的情感性和智力水平是相辅相成的。

将婴幼儿的两种发育协调一致的应该是母亲。温尼科特曾说过"婴幼儿不能单独存在，他从本质上从属于一种关系"，由此可见母亲角色在婴儿研究中的必要性。今天大家都明白，即使一个孩子具有超前的认知能力，那也是他的母亲在发现他、引导他。正如雷居耶所言，"母亲的照管经营着孩子的智力"。

"宝宝们长得都一样"

这又是一句在产科病房里经常听到的话，
通常是朋友们去看望新妈妈时，
首次看到初生小宝宝时的评论。

有意思的是，通常是一些从未有过孩子的人才会有
这个看法。外人或生人很容易将婴儿们相混淆。但是，
妈妈却能很快辨认出自己孩子的特征，知道他是独一无
二的。当护理人员在辨认宝宝的时候谈到他们的特点
时，妈妈们很敏感。"这是个安静的宝贝儿！""他很贪
吃。"这样的语言有时能产生意想不到的影响。如果它
们正好符合妈妈的期望，那么一切顺利。反之，受到个
人幻觉和家庭历史背景的影响，有的妈妈当听到保育员
说自己宝宝"好动"时，触动很大。

所有关于婴儿发育的研究都表明，自出生起他们之间就存在着巨大差异。意识到这一点十分重要。当我们提到婴儿具备的能力，是指潜在的各种能力。然而，婴儿并不个个都能达到他们能力的最高程度。

尽管人们经常强调婴儿之间存在差异，但是针对这个题目的研究却相对贫乏。研究婴儿的方法和技术不可能覆盖所有婴儿。以"习惯法"为例，不少哭闹的、睡觉的、不适应的以及适应过快的婴儿往往被排除在实验外，而且人数众多。因此，并不是所有的婴儿都如我们所描述的那般能力突出。

婴儿间的重大差异之一在于他们的醒来状态，唯有处在这种状态中的婴儿才能展示他的感官能力。根据婴儿的不同情况，这种安静觉醒状态在他们身上或多或少地持续存在。此外，处于醒来状态中的婴儿对于相同的外来刺激并不是同样敏感，有些婴儿对于视觉刺激反应活跃，有些则是听觉；有的顺着声音头和身子转向摇铃，有的却掉过头去。当他们不在醒来状态时，要么在睡觉，要么在哭闹。此时，他们的行为之间的差异表现在易怒性（也叫应激性）上和平和性上（自己渐渐安静下来或在成人安抚下静下来）。这些差异根据每个婴儿自身的脾气各有特征。

差异同样还体现在婴儿的运动机能上。某些婴儿的运动不连贯，方向感不强，而有些婴儿的活动则很灵活和成熟。同样，我们遇到一些张力超强的宝宝，身体刚硬、肌肉紧绷，但也有一些婴儿的身体却软绵绵……

出生后最初阶段是对婴儿个体差异研究中最好研究的阶段。此时，妈妈的照管所带来的影响力微乎其微乃至不存在。新生儿之间的差异显示出了每个婴儿的特征。

然而，胎儿在出生前的经验对他的影响到现在还未被发现。分娩中的婴儿在妈妈肚里的经历会影响新生儿的行为反射。而准妈妈们也各不相同：有的在整个怀孕期间坚持听音乐，有的喜欢抚摸肚皮，或者采用触觉沟通的方式。人们可以猜想这些行为给予了胎儿不同性质的刺激。学者菲久（Feijoo）在 1982 年的一项实验中，给处于放松状态的准妈妈播放乐曲《彼得与狼》中的一个短句，每次当产妇宫缩停止时，就给她听这首乐曲。结果显示，出生时哭泣的婴儿听到这句音乐后就会平静下来。然而研究产前经历对新生儿的影响力的实验进行起来很困难，其结论也很难得出。

每个婴儿都有自己与生俱来的气质，身边人的行为也会受到影响。婴儿们所要求的照料方式不会都一样。例如，经证明，爱哭的宝宝比安静的宝宝一般来说接受到更多的刺激，后者虽然不提出要求，但却因缺乏父母自发的照顾而更加需要关怀。父母们也是各有性格特点，各有照料方式。譬如，面对宝宝的哭泣，有的妈妈去安抚他/她，有的妈妈跟他/她说话，还有的妈妈去摇晃他/她。亲子关系的良好运转来自于亲子性格的相互适应。例如，精力充沛的父母和活跃宝宝在一起十分自在，而文静的父母则被同样的宝宝弄得不知所措。

婴儿之间存在着种种差异是无可争议的，于是，关于差异稳定性（持续性）的问题出现了：孩子们长大时这些差异会消失吗？这类争论在心理学家之间仍在继续。一些专家依据孩子未来无法预知这一原则，强调儿童发育的不连贯性和环境的影响力，认为这些性格特点不会一成不变。而另外一些专家则认为行为上的差异是天赋的核心，与婴幼儿个人经验一起，决定了他今后的行为风格。

有必要在此引用关于婴儿的气质学说。托马斯（Tomas）和切斯（Chess）将婴儿的气质类型划分为三种：

◎ "平易型"性格的婴儿。他们对新生事物反应积极，行为有规律，对环境的变化适应能力很强，情绪积极愉快。

◎ "困难型"性格的婴儿。他们缺乏规律性，对新生事物接受很慢，适应环境能力差，情绪紧张、消极。

◎ "迟缓型"性格的婴儿。他们对新生事物的行为反应强度很弱，对外界环境的变化适应较慢。在初次接受外部事物时反应迟缓，但能逐渐地活跃起来。

还有一种划分类型与运动机能相关。米拉·斯坦巴克（Mira Stambak）在 1963 年指出张力超强的婴儿比其他孩子更早学会走路，但是却较晚学会说话。他们对于探索外部环境比对精细操作的热情更大，而张力低下的婴儿更加文静，对手工活动更加感兴趣，开口说话也早。然而，外界环境，尤其是教育环境，有可能对此有所改变。例如，在一种严格的教育制度下，张力过强的孩子很快变得非常易怒和反叛，而张力低下的孩子变得胆怯、爱生气、沉迷于自己的怪癖之中。

因此，即使气质类型不能作为判断孩子未来性格特点的基础，判定每个婴儿的特点有助于更好地了解婴儿与照顾者之间的交流。

母亲的照管

"最好的方法是母乳喂养"

> 起初，妇女们用母乳喂养，
> 医生们则建议使用奶瓶。
> 现在，他们又说
> 老的方法才是好的方法。
>
> ——玛丽·马克·卡蒂，1965 年

在各种主要育儿杂志和相关书籍中，关于人工喂养的文章相对于宣扬母乳喂养功绩和好处的文章而言，现在真是微不足道。但要知道，在历史上各个时期，赞扬母乳喂养并不总是合乎时宜。几个世纪的卫生、医疗、精神及心理专家在婴儿喂养方法上，前前后后发表了不少的观点，却都忽略了要以科学数据作为依据。最近一项面向法国全科医生的调查显示，他们的知识面、个人态度以及给哺乳期妇女的解答等方面都不尽相同，几乎没有什么理论和实践的依据。同样必须指出，如果说喂养婴儿被看作是母亲的本能，曾经给孩子哺乳过的妇女却可以告诉你，"本能"并不意味着"自然而然"。

人工喂养婴儿的历史似乎十分悠久。在对公元前4000年的儿童墓穴的发掘中，就曾发现了一些奶瓶。这些用陶土、玻璃、兽角和锡制成的奶瓶的用途有时很难明确。当时的母亲们应该不是在婴儿出生后每天都使用，而是应该在断奶期才使用。婴儿断母奶后所吃的具体食物，我们无法知道。16世纪蒙田提到奶瓶是用来给婴儿喂养动物奶（羊奶或牛奶），在之后的史料中可以不断找到类似的记载。在英国，从17世纪起，牛奶就比母乳更受喜爱。它一般被装入奶瓶喂给孩子，也有婴儿直接在动物身上吸吮乳汁的现象。

如果说使用奶瓶在过去不是很盛行，前面所提的乳母代哺的现象则很常见。卢梭是法国近代提倡母亲亲自喂养的第一人，他认为这合乎自然规律。然而，给所照管的孩子喝牛奶的乳母还是很多。实施人工喂养的妇女人数在18世纪还在增长。但是，由于当时牛奶易发酵且不易保存，易导致一些消化疾病，这也是出现婴儿高死亡率的根源。

1878年，巴斯德发明巴氏灭菌法，它可以促进牛奶的消费，确保喂奶器具的清洁。但这项技术的推广却是在十多年后，特别是在1904年瓦里约（Variot）医生宣扬灭菌奶的益处之后。法国产奶行业的发展自此突飞猛进。但是需要注意的是，1928年的死婴当中有3/4经历了人工喂养阶段。

20世纪五六十年代，母乳替代品的质量达到历史最高水平。然而在医学界，许多研究却在告诫妈妈们母乳才最适合宝宝，最利于他们的生长发育。母乳喂养的宝宝更安静，更有抵抗力，更早会走路，体重也会持续连贯地增长。当认识到母亲和孩子之间建立良好关系的重要性时，这些观念再次得到了肯定。有一些心理学家援引了卢梭认为母乳喂养使亲子间感情链接更加紧密的观点。当时许多论著试图以对动物实验的观察结果为依据，来阐释母亲与孩子之间的依恋关系。既然没有一个动物用奶瓶喂养幼仔，为什么同样身为哺乳生物的人类要这么做呢？

在历史上，是母乳喂养还是人工喂养好的问题在意识形态领域激起了论战，新手妈妈们就算不是其中的受害者，至少也算是被困扰者。伊莲娜·雷兹（Irene Lezine）与莫妮卡·雷宾（Monique Robin）二人分别于1975 年和 1978 年打破了母乳喂养的神话。如果婴儿天生应该吸吮母乳，那么他们的妈妈就应该本能地知道如何喂养。然而，很少有妈妈产后就会灵活而娴熟地掌握怀抱婴儿、安抚哭泣以及满足婴儿的生理需求等各种照料婴儿的姿势动作，并且还要达到令他们满意的程度。

今天在法国，有 48% 的妈妈实行母乳喂养。当被询问为何作此选择时，她们认为这种喂养方法经济实用：无需购买奶粉和奶瓶，无需消毒，更利于孩子的身体发育，而且还可以减肥！选择人工喂养的妈妈则提到母乳喂养有时会遭遇尴尬情况和身体痛苦。况且奶瓶也有不少优点：可以计算吸奶量，爸爸们可以帮忙喂养，一旦有人替代工作，母亲偶尔还能从容抽身。

当然，在妈妈们坦言的有意识动机背后，还隐藏着一些无意识动机。奶汁一直具有一种象征意义。在古代，它具有与精液相同的价值：除了营养成分，它还传递了授乳者的优缺点。在历史上，找到一位好奶妈十分重要，因为人们担心她会把自己的缺点传递给孩子。人们常说"乳兄弟"，就是认为同一个奶妈喂养的孩子之间缔结了一种类似于同胞兄弟般的关系。奶水创造了一种近乎血缘关系的联系。在同名小说中，乌利西斯历经艰险、回到伊萨卡时，变化颇大，衰老了许多，只有他的狗和昔日奶妈认出他来了。反对使用兽奶喂养者的主要观点就是认为，奶水中的兽性会传递给人类。这种种表象可以归结为一种集体的非意识观点（它们在别的文化中也存在）。

某些母亲的个人心理因素，如产妇小时候与其母亲的关系，又如对母子亲密关系的不适应，都会影响到她们对喂养方式的选择。如果心理学家必须参与这个选择，他们应该注意到妈妈们的无意识层面，而永远不要强迫或者指引她们做出决定。专家的作用还在于消除某些因身体或心理原因无法采取母乳喂养的妈妈们的负罪感。

许多学者选择了哺乳场景来研究亲子之间的最初交流。其中最受关注的是双方身体的接触、眼神的交流，以及母亲的语言和姿势。妈妈们对宝宝的视觉活动十分期待，无论是母乳喂养还是用奶瓶喂养，哺乳中妈妈们全程都注视着宝宝。身体接触方面的观察显示，妈妈的抱婴方式、安抚及姿势十分重要，能显示她感觉舒适还是不舒适。很难明确限定哺乳中妈妈的行为哪些好、哪些不好。妈妈和宝宝之间是一个会面和相互适应的过程。

无论是用母乳还是奶瓶喂养，母亲和婴儿的姿势并不是马上就能合拍，他们的一致性是相互构建的结果。

的确，有些学者认为母乳喂养使双方亲近，有利于构建亲密的关系，那么，这里需要指出，在用奶瓶喂养中双方也同样亲近。母亲与孩子之间的关联并不是通过某种喂养模式建立起来的，而是通过哺乳中的一系列视觉、触觉和嗅觉行为建立起来的。布拉泽顿认为，"如果没有这些爱的信息，食物本身没有足够的能力去刺激婴儿的情感发育乃至身体发育"。

另一个很难衡量但却同等重要的因素在于母亲的期望、教育方法和焦虑程度。采用母乳喂养的母亲更愿意哺乳男婴和延长对男婴的哺乳时间。至于用奶瓶喂养的母亲，一项研究显示她们不太重视女婴吸吮的进度，因为她们更多地干涉了女婴的吸奶量。

因此，经过观察可以说，母乳喂养的母亲和人工喂养的母亲在行为上没有区别。新生儿是否是产妇的第一个孩子以及他/她的性别问题往往更能影响到母亲的哺乳行为。

"应该放手让宝宝哭个够"

"让他哭吧，这对他肺部的发育好。"
"不要过多地回应宝宝的哭泣，
否则他会变得任性。"
妈妈们经常听到周围的人这么说。
这些建议的意义何在呢？

在婴儿出生的最初几周里，母亲为了使他平静，不停地安抚。其实，哭是婴儿最初的表达方式之一。哭闹在最初的两个月里很常见，努力使其平静的妈妈，给予了宝宝最主要的外部刺激。妈妈不能对哭闹的宝宝置之不理，但是有时很难解读其哭声的含义，这正是妈妈们产生烦躁情绪和身体疲惫的根源，当孩子久哭不止时，还会令妈妈焦虑不安，甚至使其产生负罪感。让宝宝止哭成为新手妈妈每天要面临的问题。苦于孩子的哭闹，她们到处打听止哭的方法，如咨询新生儿护理人员，在育儿报刊上和育儿手册上获取不完全的答案，或者听取周围人的意见，等等。在这些个人的主观判断、经验之谈或者育儿中的"常见现象"之外，十分有必要给母亲们提供一些有科学理论依据的答案。

说到婴儿的应激性和恢复平静的能力，他们之间存在着重大的差异。某些婴儿比别的孩子更容易止住哭泣。有的听到声音就可以了，有的需要安抚，有的还需要抱入怀中。因此对宝宝的偏好保持敏锐的观察力十分重要。

要想更好地安抚哭闹的婴儿，必须要了解哭声的含义。但是，当婴儿出于非常明显的原因哭泣，如不舒服，饿了或困了，此时却最难解释哭声的含义。科学家们曾试图通过分析婴儿哭时的声学特点去找答案，他们根据起因划分出了不同的哭闹类型。如此，就有了出生性哭闹（疼痛的信号）、饥饿性哭闹、欢乐性哭闹、烦躁性哭闹、不适性哭闹和悲伤性哭闹。然而对于没有科学仪器的父亲或母亲来说，要分清它们的区别，真是难上加难！

不过，有些啼哭比较容易识别。比如说早产儿或者脾气不好的婴儿，他们的哭声比"正常"婴儿的哭声听起来更加尖锐刺耳，更加令人紧张。

至于其他的婴儿，他们哭闹的根源一直不太清楚，人们用事后重构的方法来进行研究：如果孩子在喂食之后停止了哭闹，可以推论出是饥饿性哭闹。然而，在观察中发现，妈妈在哺乳当中不仅仅只在喂食，还抱着孩子、改变着自己的姿势，注视着孩子。我们不禁问道：究竟孩子的哪种生理需求被满足了？究竟哪个举动使他恢复平静？傍晚时分突发的哭闹通常是最难平静下来的。新手妈妈无法理解，从而陷入苦恼之中。某些人称之为"腹痛性哭闹"，认为是胃肠道不适或者活动过度引起的。这种哭闹发生在婴儿出生两周到三个月之间。布拉泽顿主张在安抚孩子时不要对其施加过多的外部刺激:"不要在摇晃孩子的同时既讲着话还看着他。此刻只能适度地在做一件事情"。

母亲们都是如何安抚宝宝的? 首先,当宝宝哭闹时她们不停地对他说话。观察显示,在不同的照顾婴儿的方式中,母亲们说话的节奏和声调也有所不同。成人使用上升的声调来激发婴儿的注意力,希望得到对方的回应。先上扬再下降的声调是为了保持婴儿的注意力。下降的声调用来平静一个烦躁不安的婴儿。其实,讲话或者使用拟声词使婴儿平静,都是因为母亲在尽力激起宝宝的注意力并使其维持一段时间。安慰的效果取决于妈妈说话的节奏与其手势的一致性,也与亲子之间的情感交流息息相关。妈妈可以根据宝宝的情绪状态调整自己说话的节奏和音调。例如,当妈妈从宝宝的哭声中听出了忧伤,她就会使用一种怜悯的口气说话。这与前面所提到的斯特恩提出的情感协调中的情景十分相似。

在婴儿出生后一到两月之间,妈妈开始给哭闹的宝宝展示玩具。她同时运用了视觉和听觉刺激,因为玩具发出了声音或者音乐。低频的断续音止哭最有效。而在婴儿刚出生时，人类的声音具有最有效的止哭效果。

此外，妈妈们最常使用的手段之一就是抱着宝宝摇晃。这种姿势确实非常有效：据一项研究显示，86%的孩子会停止哭闹。这种情形中有大量的外部刺激。似乎每天附加两小时来用手臂或者袋鼠抱袋抱着三到十二周的婴儿，就能减少40%到50%的哭闹，增加婴儿的警觉状态，消除了不少婴儿五周大左右会出现的哭闹高峰。还有，散步看来也是一个预防哭闹的好方法。经观察，每天带孩子溜达能降低一周岁孩子哭闹的频率。正如后文所示，使用安抚奶嘴也是一个抚慰孩子的好方法。

贝尔（Bell）和安沃斯（Ainworth）在1972年指出，母亲的介入——不论用何方式，也不论是否对应了孩子哭泣的原因——都越来越显示出其有效性。与普遍的观点相反，母亲越回应孩子的哭闹，哭闹发生的频率越小，历时也越短。因此，在出生后六个月里经常哭闹、且对母亲反应十分灵敏的婴儿，在临近第七个月时采用了其他更为丰富多样的交流方式来代替了哭闹。到了第一年年末时，相对婴儿的性格而言，他们的应激性差异更能反映母亲与孩子之间交流的质量。

在一定程度上，哭闹促使婴儿与母亲建立起了依恋关系。鲍比（Bowlby）称其为"真正的发声脐带"，认为它们促使婴儿与母亲亲近。婴儿需要和母亲亲近，这是评价依恋关系的主要标准。当一个一周岁的宝宝因妈妈要离开而放声大哭时，他显示出了对母亲的依恋。

玛丽·安沃斯设计出一个标准化的情景——"陌生情景法"，在实验中观察婴儿与母亲分离时的焦虑程度，从中划分了三种依恋类型：

◎ "安全型"婴儿在母亲离开时哭泣，在母亲回来时冲向她寻求照顾和安慰。一旦得到满足，重新回去游戏。

◎ "焦虑—反抗型"婴儿在母亲离开时显得极度不

安，在母亲回来时又缺乏热情。在双方团聚时，婴儿一方面迁怒于母亲，另一方面又试图重新接触或重回母亲怀抱。

◎"焦虑—回避型"婴儿在母亲离开房间时没有哭，回来时无视她的存在或者不加掩饰地回避她。

依恋模式的建立发生在出生后第一年里，是母亲与婴儿之间亲密持久关系的产物。"安全型"婴儿的母亲在婴儿哭后马上起来，对其发出的信号做出回应，安慰他或是接受他要求接触的请求，她们知道如何制造有利于依恋关系的元素。

"吮吸安抚奶嘴是一种不好的习惯"

> 同意或是反对，父母和育婴专家
> 都坚决维护自己的观点。
> 两方面的对立观点都来势汹涌，
> 各有众多的证据……

安抚奶嘴，又称橡皮奶头，它的使用一直饱受争议。在《使宝宝舒适的艺术》一书中，达莱兹·德·巴斯瓦（Delaisi de Parseval）梳理了"橡皮奶头的小故事"。这个婴用物品不仅构成了"育儿事件"，还曾经是"国家事务"，因为法国在 1910 年经皮纳总统建议，参议院曾就一项禁止制造和销售安抚奶嘴的法令进行了投票表决。幸亏该法令没有通过。虽说安抚奶嘴在今天被广泛地使用，而其使用方法在育儿手册或心理学丛书中却很少被提及。

被大众普遍接受且被某些儿科医生认同的观点是，吮吸安抚奶嘴只会造成混淆。保健医学的一个观点认为安抚奶嘴使用起来不卫生，而且会携带微生物。奶嘴经常掉到地上，许多母亲往往拾起原样塞给婴儿，更有不讲卫生者，为方便起见，放进自己的嘴里吸一下然后再给婴儿。

此外，吮吸安抚奶嘴还有可能导致婴儿患有气压性疾病：在吮吸过程中婴儿会吞入空气，从而影响到消化。更多负面的影响会渐渐浮现，例如下颌出现畸形。不少儿科医生认为，一方面安抚奶嘴的使用越来越广泛，另一方面矫正牙齿的人数在不断增长，二者之间存在着直接的关联。再者，吮吸安抚奶嘴的婴儿有可能讲话较迟：因为奶嘴含在口中，妨碍了嘴巴张开说话，剥夺了它交流沟通的意愿，促使婴儿双唇紧闭。

然而更严重的是，吮吸安抚奶嘴被视为是一个坏毛病。终日依赖它的婴儿，在深夜突然找不到它，很有可能会猛然惊醒，并吵醒父母。再往后，离开它会更难，如此，橡皮奶头就成为了一切冲突的根源。

不过，有些人在试图推翻这些论点。例如，美国波士顿儿童医院的牙医们的一项研究显示，吮吸安抚奶嘴或拇指的儿童与没有这些习惯的儿童，牙齿都发育正常，并不需要使用牙科器械纠正，两者并没有太大的区别。此外，一些常见的操作方法使奶嘴丢失论不攻自破：可以买许多奶嘴放在婴儿床上，或者将奶嘴系在婴儿衣服上，这样就无需进行无用的搜寻。

如果说还存在一点难以解答的问题，那就是奶嘴或是吮吸动作的安抚作用。安抚奶嘴的英语单词为 pacifier，从本意上翻译为"安抚者"，意为"带来和平与宁静者"！学者沃尔夫（Wolff）在 1981 年的研究证明了它的确有安抚婴儿的效用。在出生的头六周，安抚奶嘴止住了婴儿哭闹，但是被抽出后一分钟，他会再次哭闹，而且更加厉害。反之，如果它停留在嘴里五分钟以上，婴儿就会进入睡眠。布拉泽顿观察到安抚奶嘴的功效大小与婴幼儿所属的类型相关：出生时不太哭闹的婴儿吮吸奶嘴或拇指就能很快安静下来，由此说明他们在九周后不再哭闹；易怒型孩子即使通过吮吸也很难平静下来，他们哭闹得越来越厉害，直到十周后才能通过此方法停止哭闹。这一安抚作用，就连最反对使用安抚奶嘴的儿科医生都不得不承认。

这种与吸取营养无关的吮吸的重要性看来是明白无疑的，而且还可以说吮吸拇指比吮吸奶嘴还要更方便一些，因为拇指是随时都可以使用的。布拉泽顿认为，吮吸拇指是一种能力的象征，从此意义上讲，不应该将它视为一种不洁和羞耻的行为习惯。这是婴儿掌握的一种真正的自我安慰的本领，在他对来自外界包括母亲方面的刺激感觉有压力时常会使用。因此建议母亲任由孩子吮吸拇指或奶嘴来寻求自我安慰。

在儿科诊室，人们不难看到这些情况：有些母亲飞快地将安抚奶嘴藏到手提篮或口袋里，不让儿科医生和心理专家看到。她们也许自我感觉有负罪感，仿佛给孩子嘴里塞安抚奶嘴是一种母亲无能的表现。这种态度有时让人费解：妈妈们现在难以接受孩子有吮吸奶嘴或拇指的需求，但是怀孕时在 B 超上看到宝宝吮吸拇指的小镜像却让她们开心不已。

也许母亲们赞成某些儿科医生和心理学专家一样的观点，认为给婴儿吃安抚奶嘴是一种母亲能力不足的象征。阿纳多·纳吾里（Aldo Naouri）将父母的行为划分为两种类型："一种父母希望孩子尽量少打搅他们，每次只要孩子一哭，就不由自主地给他一个安抚奶嘴，仿佛在告诉孩子'你自己解决吧'。还有另一种以大多数父母为代表的类型，他们安抚孩子，对孩子说话。亲子关系得以建立，于是婴儿不一定需要安抚奶嘴来抚慰自己的焦虑。"另一位名为于连·科恩－索拉（Julien Co-hen–Solal）的儿科医生也持类似的观点，"安抚奶嘴，何用之有？有用，因为它是安抚婴儿或满足婴儿吮吸的生理需要的过渡性的工具。无用，如果这意味着孩子与你交流的缺失，它是一种不管孩子，让其独自解决困难的方式"。

在以上观点的背后，隐含着对于母亲将职能让给奶嘴这个物品的一种担心。母亲应该保持孩子的注意力和敏锐力，来接受和分享孩子的情绪状态和苦闷。如果母亲给孩子塞一个安抚奶嘴，以便尽快结束哭闹，那么使人联想到，她将孩子的要求视为困扰，想从中解脱。然而，她完全可以将之视为孩子情感生活的小问题，解决它们既可以丰富自己的情感，还可以建立孩子的心理世界。心理学家热里约·巴雷格（Geneviere Balleyguier）认为，吮吸拇指其实可以使婴儿保持一定的情感自主性，但不稳固，婴儿的情绪调节主要依靠身边人所带来的安全感。吮吸安抚奶嘴或者拇指因此被视为亲子交流的相反面。

列昂·克雷斯勒（Leon Kreisler）等个别儿科医生则认为婴儿的这种行为近似于一种自娱自乐，因为它很明显是婴儿的一种自慰行为，与手淫行为相似，而家长们看到吮指行为，也显露出了某种阉割状态度："你再吃手指就把你的拇指去掉。"吮吸拇指或安抚奶嘴其实反射出成人身上的无意识过程，他们对某种可被形容为

"自然"的行为所显露的厌恶和反感，恰巧可以说明了他们对自然情感的抑制。

当父母在询问安抚奶嘴和吮指动作的利弊时，人们最好去了解一下他们如此做的意义。他们的喜好植根于个人历史，他们的无意识行为也同样扎根于所依附的文化背景。说到这一点，看来安抚奶嘴更像是西方文化的专有产物。与之相反，寻求快感和安慰的吮吸行为则是普遍现象，在其他文化中也可见。在非洲文化中尤为突出，母亲任由孩子玩着自己的乳房，在非哺乳时间也吮吸着它，只是为了快乐。

同其他许多的养育婴儿的具体实践一样，不存在正确使用安抚奶嘴的法则，一切都取决于对婴儿的观察实验。有些婴儿一出生就开始吮吸手指，有些不是。不考虑是否关乎能力问题，某些婴儿似乎比别人有更强烈的吮吸需求。因此可以听听巴敦·怀特（Barton White）博士，这位美国儿科医生如此说："如果你有耐心，你可以鼓动孩子吮吸一下安抚奶嘴，特别是他情绪不好的时候。既然吃手指是这个年龄阶段的孩子里非常普遍的行为，可以推断出，这个行为给他带来了极大的满足。"

"人们有区别地对待男孩和女孩"

他对妻子那种母性的温情不以为然，
心里自有一套颇具男子气概的标准，
打算用于训练自己的儿子……

——福楼拜，《包法利夫人》

的确，不考虑对孩子性别的偏好，根据婴儿性别的
不同，母亲乃至父亲的行为也会相应的有所不同。随着
孩子长大，这种差异会越来越明显，要在婴儿早期寻找
这种与孩子性别相关的父母行为差异也是有可能的。父
母根据婴儿的性别来调整自己的态度，在孩子很小的时
候就扮演了与性别相关的角色。如果说上文中一直以母

性话题为主的话，那么父亲在本章节中开始进入角色了。

在预测孩子性别对于父母行为的影响之前，需要了解如果不考虑孩子的性别，父亲和母亲会不会用同样的方式对待他/她。这是一个比较新的问题。在 20 世纪 80 年代出现的社会经济及文化方面的数据显示，由于越来越多的妇女出门工作，男性在她们"缺席顾家"时，会更多地参与到照顾婴儿的工作当中。他们也可以做到像母亲一样照顾新生儿。许多发展心理学的学者在实验中发现父亲和母亲在行为上有着非常明显的差异。

最能体现父亲对孩子行为特点的，应该是他与孩子之间的身体接触。父亲抱孩子的方式与母亲不一样。他更喜欢将孩子的脸朝前，或是让孩子躺在膝盖上。母亲则喜欢将孩子"包裹"起来，保持姿势不动。研究人员发现父亲将孩子抱至与肩膀同高，而母亲则倾向于将孩子贴近自己的脸或胸。

同样需要指出父亲热衷于与孩子做游戏："父亲们

是抛婴儿的能手，他们紧紧拖住孩子的臂膀不松手，让他如同乘电梯般的忽上忽下，逗得孩子开心不已。"[1]相对于他们不太愿意从事的照料工作（饮食、换尿布、清洗）而言，父亲们参与更多的是同孩子的游戏。他们进行的是大动作、激烈的、强烈刺激的身体游戏。母亲在孩子出生后最初几个月里进行视觉游戏，目的是使孩子保持注意力。父亲所做的游戏更具传统性和习惯性，如常见的"咕咕"和"爬小动物"的游戏。

此外，母亲比父亲更能有效地使8月龄的孩子集中注意力观察物体。她们在教用物体性能的过程中更有方法。父亲们却通常无法胜任，于是再次运用了身体游戏（坐飞机、举着孩子在膝盖上蹦跳、骑大马……）。一项研究显示，在孩子15个月大时，母亲更多地带着他/她参与认识物体性能的活动，而父亲则忽略物体的传统功能，将其用非习惯性的方式运用到创造性和娱乐性的游戏当中，仿佛他们在力求让孩子失去平衡。如此再次证实了，在更注重照顾孩子身体的母亲和更喜欢玩耍的父亲之间存在着传统的甚至于标准的对立。

父母的行为根据孩子的性别也会有所不同。美国学者的研究显示，在孩子 6 个月之前，相对女孩而言，父母抱男孩的时间更久些，给男孩更多的身体接触和刺激。相反，他们对女孩说话更多，后者的原因应该在于，女孩对声音的刺激更加敏感，而且讲话一般比男孩更早。而针对男孩而言，早期的身体接触能够锻炼他们的探索能力和操作能力。

由于孩子性别的不同，父母往往有区别地对待他们，而这一点在父亲身上尤为明显。经观察，相对女婴而言，父亲同新生男婴玩耍的时间更长，表现得更加活跃，更多地触摸他们、教他们咿呀学语。在身体运动性游戏中，男孩比女孩的参与程度更强烈，历时更长。孩子近两岁时，父亲投入更多的注意力在儿子身上，陪他们玩耍的时间是陪女儿的两倍。然而，父亲对女儿表现出更多的温情。而且，在分发玩具时，一周岁孩子的父亲往往递给女孩布娃娃，而同男孩一起玩球。

父母亲针对孩子性别而产生的行为差异在孩子出生后第二年里更加突出。

父亲看来保证了男性形象和女性形象的树立与引导。因此，父亲在孩子两性心理差异的形成及性别角色的逐渐认知上，发挥着重大的作用，而且比弗洛伊德所认为的还要早。母亲在与儿子或女儿相处中表现出的行为差异不大明显，因此相关研究也为数不多。有研究显示，当孩子转移视线时，母亲的反应会有所不同。如果是男孩，母亲不太会干涉这种回避。在6岁以下孩子的认知学习上，母亲会更多地帮助女孩，而且更加专断些。

可以推论出，父亲对待男孩和女孩的行为差异反映出孩子在他们心目中的形象。美国的一项研究显示，父亲对于儿子的评价多为：身体硬实、线条硬朗，生来具有强大的运动协调能力，更加警醒和强壮有力，而女儿则是性格温顺、线条柔美，不太关注周围事物，却更加柔弱和灵敏。

即便父亲担负了与母亲同等的照料工作时，仍然不能完全代替母亲的角色，这主要归因于他们行为的差异。在此并非去非议这种差异，而是希望引起重视，因为这种差异能促使婴儿获取不同的社会性经验。事实上，父母亲之间的行为差异相对固定，婴儿能从他们的总体行为中察觉出来，因此婴儿会依据面对的是父亲还是母亲，而期待不同的行为模式。布拉泽顿观察到两至三周的婴儿用不同的态度对待父亲和母亲。面对父亲，"他眼睛睁得更大，小脸显得更加有趣和灿烂"。因此，有可能只凭婴儿的行为就可以猜测出他与双亲中哪一位在一起。为此，布拉泽顿列举了以下迹象："婴儿的肩膀扩展，脸上充满了渴望，可以看出他希望玩耍，他的眉毛向上扬起，嘴巴张开，眼睛闪光，做出这幅热情洋溢的表情，就等听到爸爸的声音"。

在弗洛伊德的理论中，父爱角色更多出现在恋父情结阶段（幼儿接近三岁），相对较晚。我们的看法不同，这里所关注的父亲作用，绝不仅仅只是姓氏的世代相传或者父亲的威望的问题。实际上，父亲很早就出现在母

亲与婴儿关系之间，开始时他的作用体现在产前及产后
对妻子的关怀和帮助中，但也直接体现在他使婴儿能很
快感觉到的特征化行为之中。

注释

1 斯鲁尼克（Cyrulnik），《关联符号之下》，1989 年。

"身体接触是母亲－婴儿关系的基础"

抚摸这个行为的意义在于要尽早实行，
因为自妊娠第二个月起，胎儿就能对
触摸有感觉。这种良好的交流方式，
将母亲和孩子直接地紧密连接在一起。

婴儿出生前，与母亲单一的触觉交流已经确立。母亲们对胎儿在触摸肚皮后的活动十分敏感，有些特别青睐这种交流方式的孕妇还采纳了触觉沟通的方法。这就是婴儿最早期和最原始的感觉。有些人就把这种发育过程早期中的"孕妇－胎儿敏感性"称之为"母亲－婴儿的出生前史"。

正如亚里士多德在公元前 4 世纪所言，动物最早拥

有的感觉是触觉，不管有没有其他任何感觉。20 世纪
50 年代，致力于在自然环境中研究动物行为的动物生态
学，对于儿童心理学带来了深远的影响。

美国学者哈洛（Harlow）的实验结果在欧洲流传甚
广，其中一项最知名的实验是，将一些刚出生的小猕猴
隔离，给它们提供两个用铁丝制成的代理妈妈。一个小
猴子和"哺乳型妈妈"（一个悬挂有奶瓶的装置，能满
足喝奶的需要）在一起，另一个小猴子则有一位不能哺
乳、但配有厚厚毛绒垫子的"妈妈"。结果显示，几天
后，在毛绒母猴那里满足了身体接触需求的小猴子比有
奶喝的另一只猴子状态要好很多。而以前弗洛伊德认为
满足婴儿口部接触需求的是母亲 – 婴儿关系得以建立的
原因，这种观点受到了质疑。

鲍尔比在这些实验结果的基础上创立了自己的理论
体系。他认为，婴儿最原始的需求并不仅仅在于口部的
需要，而更在于紧密的身体接触需求，以在维持生命、
逃避危险时获取生理安全感。同时代的学者海曼（Her-

mann）在其论著中提出攀附本能的观点。当新生婴儿的身体无法攀附在妈妈身上（无毛皮外衣）时，他就无法满足自己强烈的身体接触的需求。这种本能也局部地存在于紧抱反射中：婴儿在过早地离开母亲的子宫之后，不适应现实环境，产生了一系列的本能的反射活动。尤其是当感觉有危险时，他会四肢外展试图寻找可以附着的东西。到后来，手部的活动会逐渐被视觉活动代替，眼睛会越来越多地从事进行探索的功能。

不过，在母亲－婴儿关系的构建中，最主要的不是身体接触，而是对贴近性的需求，及这种贴近性所具有的安抚作用。很明显，两者相辅相成。而这种贴近性需求可以通过其他方式得以满足，如眼神、哭泣、声音刺激和嗅觉刺激。

此外，如果说皮肤触摸起来很舒服，它也很适合闻。母亲总是说"宝宝闻起来真香"这句话的第一人。美国学者的研究中指出，刚出生几天的新生儿喜欢把头转向有母亲气味（乳房的气味、脖子的气味）的方向，而不是陌生人气味的方向。身体接触不是仅限于触觉刺激。

所有育儿手册都提到，母亲与新生儿之间的亲密接触至关重要，进而可以建立起稳固的亲子关系。克劳斯（Klaus）和肯内尔（Kennell）1975 年在其专著中努力尝试着去证实"婴儿出生后的最初几小时是母亲与孩子依恋关系发展的'关键'时期"这一假定是否成立。当时有些儿科专家认为，没有经历过这一早期身体接触的母亲，与婴儿建立起的关系可能较不稳固。

这一假定一直未被证实，而早期身体接触对于建立亲子之间的依恋关系而言，既不是必要条件，也不是充分条件。唯有某几项研究显示出它具有某些短期的积极作用，如母亲表现得更加温柔，母婴视觉交流时间更长。

让刚出生的婴儿趴在母亲的肚子上，这在今天的产科医院里相当普遍。如果说这算不上绝对遵循"身体接触至上论"的话，它却颇受到新生儿母亲的欢迎，她们不会再看到自己的孩子以送交医生紧急照料的名义被抱到一旁。

对于早产儿而言，早期身体接触的重要性被一致公认。早产儿护理中心一般采用医疗技术照料婴儿，尽管护理人员知道婴儿的基本需求，也对婴儿经常按摩，但是有时早产儿母亲很难与孩子有真正意义上的身体接触。而在别的国家，如一些南美国家，由于缺乏医疗手段，常常用身体接触的方法取而代之，某些早产儿没有被放进暖箱里，而是紧贴在母亲的胸前，与妈妈身体紧密而持久地接触。人们将他们称之为"袋鼠宝宝"。这种皮肤贴皮肤的方法看来有时候可以代替传统的暖箱，早产婴儿并没有显示出更多的不适。

母亲对孩子的触觉接触在婴儿出生后的最初几周里是一个发展变化的过程。新生儿母亲对婴儿的触摸带有"功利性"，在脸蛋上轻轻掠过，隔着衣服摸摸手和脚。她首先是小心翼翼地试探性地抚摸，然后才用手掌真正地抚摸。在这一阶段，亲吻和全面性的身体接触很少有，挠痒痒动作根本不存在。

尽管对母婴身体接触的重要性的承认多少有一点冲击了弗洛伊德理的论点，但不至于动摇他所主张的精神分析法。相反，某些后弗洛伊德精神分析家还将这一新成果归入到他们的理论当中。

温尼科特认为，抱持（holding），即母亲抱婴儿的方式，创造了许多母亲与婴儿会面的机会。母亲提供了一个婴儿生命之初所没有的身体保护层，因为当时的婴儿还无法区分内在和外在、自我与他者，总是处于一些碎片式的焦虑之中。这种母体保护层是构建"继续生存"情感的基础。母亲抱持婴儿身体的方式象征着她保护孩子心理的方式，也象征着她掩饰缺乏足够强大心理机制的方式。"在母婴身体接触中婴儿有机会可以内在化的不仅是纯粹的对身体的感觉，而是通过身体来感知来自母体、承载着母爱情感的信号，这些信号是对孩子认知的回应。"[1]

另一个关注身体接触的精神分析学概念在此不能不

提，即迪迪埃·安齐厄（Didier Anzieu）在 1974 年提出
了"自我-肤触"观点。他指出婴儿通过皮肤的接触为
自己构建了一个自我，于是建立起了外在与内在之间的
界限。通过对身体的感觉，婴儿开始意识到此点，不消
说，在这里与他人的身体接触是必不可少的。

身体接触的重要性在跨文化心理学的论著中也被提
出。60 年代，人们发现非洲婴儿在精神运动发展上处于
领先水平。依据对非洲母亲全面照管婴儿做法的研究，
学者们提出了不少假设，其中最能说明这种非洲领先现
象的是母亲与婴儿之间的长期肢体接触（非洲妇女总是
背着婴儿，经常按摩他/她，摆弄他/她）。同样的结果
可以在印度婴儿身上发现。因此可以划分两种类型的接
触：一种是在西方文化中深入人心的，注重眼神和声音
交流的方式；另一种是其他更加看重身体接触的方式。

显然，婴儿寻求和喜欢身体接触，但一定要注意到
个体差异性。并不是所有的婴儿都寻求同等程度的身体
接触。有些"温顺型"婴儿喜欢蜷缩在母亲或其他大人

的怀抱里，相反有些"非温顺型"的婴儿自出生起就很抗拒身体接触，给人感觉很想逃离束缚，远离成人的身体。当然，这无需为此担忧，婴儿在这一点上的差异来源于先天的因素。非温顺型婴儿大多活动力强、运动发育早，其运动机能不愿受到限制。显然，这一特点丝毫不会影响婴儿依恋母亲心理的发展。

注释

1 布沙－戈达尔（Bouchard-Godard），《感觉之初》，1982 年。

婴幼儿与环境

"母亲与孩子之间的关系是独有的、优先的"

> 这两个人……在母子之爱的联系下，
> 无需多言，就得到了相互的谅解。
> ——亚历山大·仲马，《基督山伯爵》

通常认为，母亲在孩子的身体、心理和社会性发展过程中扮演着举足轻重、必不可少的角色。在托儿所里进行的观察显示，这种母亲缺位的行为对孩子身心的发育所产生的恶劣后果。弗洛伊德在解释这种母子之间密不可分关系的起因时，就着重指出了"满足需求"的重要性：因为母亲在婴儿出生之初无限地满足婴儿的需求，以至于在婴儿刚刚产生的心理中留下难以磨灭的痕迹。在将母亲看成所爱的现实存在的人或物（性欲上的）之前，他先是追忆起由满足带来的痕迹，到了第二阶段，就把生理需求的满足与母亲的形象联系在一起。因此，母子关系的根源在于对婴儿原始冲动的满足，尤其是对口腔区域的满足。

精神分析家鲍尔比（Bowlby）在20世纪50年代重温弗洛伊德观点时指出，母子之间的依恋关系并不是母亲满足婴儿需求的结果，而是婴儿与其"对他者的需要"随生而来。因此，母子之间的关系并不是从属于喂养或者性冲动：它应该是婴儿建立社会关系的原始需求的结果。依恋行为（微笑、眼神交流、哭泣……）使婴儿得以重新与母亲贴近，为他提供了一个避风的港湾（安定的基础）。如果母亲有求必应，依恋关系就逐步建立起来。然而，鲍尔比所指的不是生物学上的母亲，而是指婴儿的照料者：婴儿最为依恋的是对他所发信号反应最积极、最敏感和最多的人，即照料他最多的人（不一定是亲生母亲）。这种依恋关系一直要到婴儿近九个月时才能真正确立。

正如我们所观察到的婴儿在紧张情况下（如与母亲

分开、看到陌生人）的行为，依恋行为的反应也是多种多样的，某些孩子（通常是安全型婴儿）反应比别人尤为强烈。然而，说一个孩子比另一个孩子更爱自己的母亲是毫无意义的。他们之间的差异体现在质的差别，而不是量的差别。依恋母亲的方式多种多样，通常与母亲的行为有关。在出生后两到三年时间里，婴儿的依恋类型取决于他与母亲之间的关系。如果母亲的行为有所变化，孩子的依恋类型也会随之改变。但是，如果孩子的生活条件和家庭环境没变，他的依恋类型也会持续不变。

鲍尔比将依恋对象划分为不同的等级。孩子首先依恋他/她最为亲近的人：母亲（鲍尔比称其为依恋“单主体”），其次被他依恋的人被称为“辅助体”。然而，如果父亲非常积极地直接参与照料孩子，那么他特征化的行为在与孩子依恋关系的构建中起到什么作用呢？

某些研究人员通过艾恩沃斯“陌生情景”的实验发现，如果孩子相比其他外人而言更加依恋父亲，那么母亲还是他的最爱。如果父母二人都在场，孩子与母亲亲近的次数是亲近父亲的两倍。如果父母当中只有一人在场，孩子跑向母亲的速度更快、停留的时间更长。相反，当父亲离开房间时，他们哭泣的时间与母亲离去时同样长。因此可以得出结论：在辅助依恋体的等级中，父亲排在第二位。对父母二人孩子都依恋，但是父亲所带来的"安全感"的能力不敌母亲。这一点应该可以用父亲没有照料孩子的事实来解释。

但是，这种解释观点因瑞典父亲的事例而饱受争议。确实，20 世纪 80 年代起，瑞典父亲拥有比妻子更长的带薪产假来照顾婴儿。母亲出门工作，父亲在家带孩子。但是观察结果显示母亲并没有丧失自己的优先地位。在孩子 8 个月及 16 个月时，"家庭主男"照管下的孩子们表示出更喜欢母亲照料自己。是否必须承认，即便孩子由父亲养育照顾，他还是更喜欢母亲？

鲍尔比十分看重的"单依恋主体"的假设，却是很难成立的。尽管母亲享有优先地位，但父亲也处于依恋模式的中心地位。事实上，依恋情结可以形成各式各样的关系。当孩子与母亲建立起优先的依恋关系时，他也可以建立起其他的相对次要的依恋关系。今天，某些学者在书中谈到父亲时，偏向于使用特殊依恋，而不是次要依恋。

父亲们没有必要努力转型为母亲、以取代她们的位置，从而使自己在依恋关系构建过程中的位置被承认。作为父亲，他们特有的行为特点已被公认，而且他们的行为方式更符合去建立另一种特殊的依恋关系。将他们与自己孩子紧密相连的父子关系，虽与母子关系不同，但却丝毫不弱。

关于父子依恋关系性质的研究越来越多，而与身边其他人的依恋关系研究尚未解决。孩子与幼儿园阿姨之间的依恋关系是怎样呢？每天和奶奶在一起的孩子，和她的依恋关系又是怎样？

"如果我孩子入托， 他将更善于社交"

这个想法使得申请入托的人数激增。
然而， 由于社会经济以及政治的原因，
这些需求并不能全部得到满足。

今天，有越来越多的母亲是职业妇女，这就与带孩子产生了冲突。这确实是个实际问题，因为往往最后作出的决定是不得已的选择。因此，年轻的母亲们更倾向于给孩子选择集体照料的方式，这可能也受到一些广为流传理念的影响。其中有一种说法是，在这种方式下成长的孩子更善于与同辈（同龄伙伴）或者与陌生人交流。他们也会更快适应将来的学校生活。另一方面，集体照料小孩的这种方式也受到一些反对意见，因为他可能改变孩子对母亲的依恋，因为它使母亲与幼儿过早分离。针对这个问题的科研项目虽有很多，但是得出的结论很难达成一致。

传统上，人们经常把集体照料小孩的方式（民办、社团托儿所，社区临时托儿所）与个别照料小孩的方式（把孩子送去育婴保姆，或者某个亲戚家，或者请一个家庭雇工在家里照料孩子）相对立起来。同时也经常把那些母亲继续工作的孩子与那些全职妈妈的孩子进行比较。现在，有一种危险的趋势是，讨论的方向转向了年轻母亲职业生涯的合理依据。

在最近 10 年里，我们切实地看到了社会上崇尚将孩子送去托儿所的现象，尽管托儿所的实际接收能力非常有限：只有大约 4% 的三岁以下的幼儿可以被接纳。必须说明的是，在过去的 30 多年里，法国托儿所的质量水平有了显著的提高。一些心理学家如雷兹（Le-zime）、杜波（Dubon）、祖施（Josse）等对此专门研究做出了巨大的贡献。比如，预防发育障碍的概念在这些照料幼儿的地方推广实施。民办托儿所取得的成功也许应该归功于发表他们科研成果的出版物。

而如今，社会对托儿所的偏好已不那么显著了，因为平均每三对法国父母中就有一对认为让保姆[1]带孩子是一种更好的方法。但是选择的改变会不会让人意识到寻找保姆的难度呢？要知道，法国的社会政策也同时鼓励这种单独育儿的方式。从1977年起，保姆就成为了一种正式的职业，并且国家鼓励该职业的发展。在20世纪80年代，那些聘用一个人专门带孩子的家庭还可以得到税务上的优惠。

一些研究项目试图从儿童成长的三个方面评估不同育儿形式的效果：社会性，对母亲的依赖性和智力。

在社会性方面，一些研究显示，曾经被置于集体环境下成长的儿童能成为更善于交际的伙伴；而另一些研究结果则强调，这类小孩身上过早地显现出了攻击性。托儿所育儿的效果一方面取决于托儿所提供的服务，另一方面取决于这种育儿方式的稳定性。另外还要考虑孩子在托儿所待的时间长短。美国一项对150名2到4岁的儿童所做的研究证明，相较于由母亲照料的孩子或者在家庭环境中成长的孩子，集体环境中成长的孩子对不熟悉的成人和儿童更加友好，更具有合作性。但是如果孩子每周在托儿所里待的时间超过 30 小时，结果可能会相反。然而一些研究人员坚持认为托儿所里的孩子会更频繁地对伙伴做出攻击性行为。然后他们会变得不那么听话，与学校老师和家长更难相处。尽管如此，我们可以分析这些孩子攻击行为的含义，并且推测这是源于更强烈的自我肯定之需要。

一项法国的研究将常去托儿所的 18 个月大的婴儿与其他在家生活的婴儿比较。后者更善于吸引大人的注意力，并且与之分享自己感兴趣的东西；而前者则显示出很强的与其他儿童共处的能力。

另一个广为流传的看法是，将孩子送入托儿所会改变母子之间的关系。一些美国的研究显示，那些每周在托儿所待 20 小时以上的儿童里，其中 36% 具有不安全感，而每周只在托儿所待 20 小时以下的儿童以及那些待在家里的儿童，具有不安全感的只有29%。同样，这个数据会随着儿童的年龄而变化，关键阶段似乎是在12到18个月之间。另外，在艾恩沃斯（Ainsworth）的"陌生情境"实验中测量了儿童的依赖性，这种方式好像不适用于测量托儿所儿童的依赖性。事实上，由于习惯了和母亲分离，这些儿童认为这种情况是很正常的，因而不大会像其他儿童一样感到迷失。他们不会提出异议，因而被归入"缺乏安全感"一类中。

与美国的研究相反，在荷兰所进行的研究表明，依恋的安全性与育儿方式并没有必然的联系。依恋理论专家皮埃尔·亨贝特（Pierre Humbert）的团队就后天依恋的形成给我们带来了一些答案。通过对入托的儿童和交由育儿保姆照料的儿童在分离和重逢时候的观察显示，儿童能够与照料他们的人建立依恋关系。不过母亲们可以放心，这种关系与亲子间的关系有着本质的区别。

这样，原生依恋和后天依恋的假设就得到证实了。如果托儿所的反对者毫不犹豫地坚持母子依恋被取代的变化观点，还没有任何一项研究能够证明这种说法的真实性。

还剩下最后一个问题，儿童在托儿所里生活的经历是否对其智力发展起到积极影响。

不同的研究显示出一个结果：同样从环境差的家庭出来的孩子中，那些有入托经历的孩子长大后智商高于那些没有入托经历的在家里长大的具有同样出身背景的孩子。在瑞典，专家把114名8至13岁儿童的学习成绩作比较，对比他们在幼儿时期的育儿方式。孩子入托时间越早，到学龄后的成绩就越好。不过，还是要避免仓促的结论，因为这些研究都是回顾性的：事后将智力的差别归因于育儿方式，似乎过于武断。

尽管如此，意识形态可以影响对结果的表述朝一个方向或者朝另一个方向。因此要考虑研究人员的国籍。在美国，一般更强调双亲育儿的好处，而集体育儿的形式是不受推崇的，只有私人的托儿所，故对此更多是负面看法。相反的，北欧国家对女性投入工作是持支持态度的，为解决照料小孩的问题提供了多种方案。法国的状况好像是介于两者之间，对于能为女性提供那些可能性的问题，说法是模棱两可的。按照母亲们的看法，情况也并不令人满意。

注释

1　正式的全名是幼儿护理员，具有国家正式承认资质的职业，与我国通行的保姆有很大分别。

"要激励自己的孩子"

这种不惜一切代价激发儿童的想法
可能会令人害怕。
它意味着宝宝从出生起就应该是
最好和最强的。

一开始，人们普遍认为，对于6岁以下的儿童而言，任何事物都是游戏，后来这个年龄段被提前到了3岁以下。而到最近10年来，有些人则进而说，从孩子出生的最初几个月开始，我们就能把自己的孩子培养成未来的巴黎综合理工学院毕业生这样的高材生，通向成功的金钥匙归结起来就一个词：激励。有些孕妇把耳机放在肚子上，让胎儿听勃拉姆斯的曲章，以培养一个未来的音乐迷，有些妈妈在孩子还不太会讲话的时候就教他们阅读，还有些在孩子 3 岁的时候就开始教他们说日语。我们可以相信，在当下社会里占中心地位的技术性是出现这种现象的原因。要知道，人类关于自然与文化之间的争论几乎从世界开始之初就有了。

儿童心理学发展的历史记录了人们相应观念的变迁。在美国 20 世纪 50 年代的时候，沃森（Watson）用过于简化的刺激—反应图表概述了心理学。他发起了"行为主义者"风潮，并且宣称"把孩子交给我培养到8 岁，之后你想让他做什么都可以。"对他而言，孩子的成长完全取决于学习和他的生活环境。

另一位美国人盖塞尔（Gesell）则提出了与这个学说相反的"自然成熟"运动主张。他认为，如果没有让孩子自然成熟，各种人为激励都是无效的。人们应该尊重自然赋予的成长节奏。孩子的成长主要取决于他的生理成熟，生活环境的影响在这个过程中只占次要的位置。一项在一对拥有一样基因的单卵双胞胎女婴身上所做的著名试验似乎证明了这一点。试验中，对其中一个女婴每天进行爬楼梯的训练，而对另一个不教。结果这两个女婴在同一天成功地爬上了楼梯。既然这样，激励婴儿有什么用呢？对于孩子的教育，要相信成熟过程，时间到了，自然就会了。盖塞尔是个极度乐观的人，对他而言，我们无论做什么都是能做好的。

之后，"构成主义"的潮流又出现了。人们不再以二分法的方式争辩先天部分与后天部分。观察的视角首先是个人与其生活环境之间的互动。皮亚杰是最初提出这个想法的。但他主要构想了孩子与他的物质环境，以及与物品世界之间的互动关系。他指出，练习只是展现了成熟所赋予的潜力。因此，每种激励的形式都应该符合儿童成长的阶段。

同时诞生的还有"互动"主张派，这种理念对婴儿的生活环境，特别是母亲给予了充分的重视。对于婴儿，如果经常出现"过早掌握的能力"，应该特别留意。能力先于成绩，是在母亲的影响和激励下激发出来的。相信宝宝是有能力的并不意味着他的生活环境不重要。

正相反，这向我们证明了宝宝从出生第一分钟起就对此很敏感。针对这个问题，科斯尼亚（Cosnier）写道："通过激励，潜在的能力会被激发出来，相反，如果没有一个合适的环境，能力可能被埋没。"

对婴儿的过度激励和激励不足所带来的后果是很多研究的主题。当宝宝因为无法接受过量信息而发出的信号没有被妈妈重视的时候，后者就制造了一种激励过度的情况。而激励不足出现在母性抑郁的情况下，对孩子发送的信号缺乏关注，从而使母亲减少了与宝宝的交流。在这两种情况下，我们看到了互动的机能障碍，这可能会影响儿童的发育并且改变母子间的关系。在短期内可能会对婴儿造成心理功能紊乱：主要表现在睡眠紊乱和饮食紊乱。

在20世纪六七十年代，心理学家强调激励的构成价值和信息价值。如今，他们认为过量激励是无效的。另外，第二次世界大战后在孤儿院里进行的研究和如今在罗马尼亚的孤儿院所进行的研究表明，激励不足对幼儿的生理和心理成长都会造成不良的后果。只需要给孩子多一点点的热情和激励，孩子的行为就能发生很大的改变。于是一个含糊的概念就在大家脑子里形成了：因为缺乏激励会造成不良的结果，从此推导出对孩子激励越多越好。

"给越多越好"的理念与盖塞尔的"放任让宝宝自己发展"的主张一样极端，后者会导致孩子的潜能得不到有效的开发。当不断地激励孩子的时候，我们往往忽略了对孩子的接受能力的考量。没有任何科学研究表明这种做法会带来积极的结果，也没能证明不这么做会带来负面影响。在过度激励的理念背后藏着一个可怕的想法，让我们想到历史上一些悲剧的故事，这种观点就是：宝宝应该是最好最强的，要超量发展其能力，创造一些超智商儿童。

大多数儿科医生好像更赞同纳欧里的观点："力求完美的亲子关系，在自身不觉中让父母变得焦虑。而我们作为儿科医生，在最近几年看到一种新的宝宝类型——呕吐宝宝——数量众多。"他接着说："我相信这种病理与压力状态有着直接的联系，这不是某个宝宝的母亲会碰到的问题，而是因为在当今社会普遍认为父母的责任在于围绕一个规划尽快走向预设的结果，而不给孩子足够的时间享受童年快乐的结果。"

最后，我们可以强调，一个婴儿需要激励，但是其数量、性质、节奏应该与其生理结构和心理发展的程度相对应。不能仅仅激发智力发展，而要首先激发情感品质，让孩子能够与周围亲近的人建立和谐的关系。另外，这种不断激励孩子的情况通常出现在有一定社会地位和智力水平的家庭中。然而，反而是处于那些困境中的家长并不重视过分激励的孩子，更能从这样的实践中得到收益。

"孩子需要一个心爱物来安慰"

宝宝们很早就开始用一些物品，
在他们看来十分重要。
孩子们给物品取了一个昵称，
把心爱之物叫作"doudou"。
然而它们有什么用呢？

如果儿童使用依恋物也属于类似于吮吸橡皮奶头和拇指的自我安慰行为，那么使用它的合理性并未给父母和教育人士带来太多的困扰。在我们的文化中，它似乎更加受到尊重和承认。在幼儿园、小学、公共场合，它随处可见。人们不仅非常乐意接受它，甚至还鼓励孩子选定一个。隐藏在这种需求背后的是什么，这个问题值得思考。是什么使一个物品或玩具顷刻之间登上了"心爱之物"（法语一般称之为 doudou，有柔软亲切之意）的宝座？

说到依恋物，不能不提到著名的儿科医生及精神分析专家温尼科特，他是最早和仅有的就依恋物之根源而创立学说的专著作者。他将依恋物的科学术语定为"过渡性客体"。"儿童爱物"这个昵称的选定有很大的随意性，在法国的不同地区人们使用不同的称呼，例如："doudou"，到了庇卡底地区就被孩子们称为"nin－nin"。

温尼科特认为婴幼儿在生命之初非常惧怕其周围环境，其中也包括与他仍为一体的母亲。他分不清外在和内在，也不能区分客观所感知的客体与主观构想的客体，在这个时期，他经常有些自慰性质的活动（如吮吸手指、吮吸拳头），当成人不在场时，这些动作能立刻满足孩子的生理需求。

出生后几个月，面对母亲的时时离开，婴儿能感觉出在自体与母体环境间的断裂。他开始意识到，他周围的"非我"客体构成了一个外部世界，他将要经过一个内部世界和外部世界的中间区域——"过渡空间"。

虽说物体作为孩子的一部分并不令他害怕，但是仍未被视为是外在物体。因此，这种过渡物就介乎于孩子的外部世界和内心世界之间，当然有时会显得令人害怕。过渡物的作用就在于在两个世界起到了桥梁作用。它还潜在地象征母亲，但又是有区别的。它使婴儿开始意识到母亲离去，从而在等待母亲回来。当母亲回来时物体并没有被抛弃。母亲应该对这个象征自己与孩子合二为一的客体表示欢迎。

布拉泽顿认为，孩子拥有这样一个物体来实现自我安慰是十分重要的。这是他内在力量的证明。通过拥有这个玩具物体，他适应了外部环境，平息了自己的焦虑。在孩子感到孤独的时候使用它最多，如与父母分离或身处陌生环境时，用来陪伴睡眠；当感觉疲劳或者不适时，用来自我安慰。一些实验显示，当孩子处在紧张环境中（例如在一个陌生的地方），他只要拥有自己的心爱玩具，焦虑就会更少，玩得也更好，而即使面对一堆普通的熟悉玩具，只要其中没有心爱玩具，情况就会更糟些。同样，抱着心爱之物，孩子更易入睡，睡眠也更好。

至于依恋物的特征，它通常非常柔软、有韧性、温暖，可供孩子吮吸、触摸、摩擦和闻味。它能保留气味的痕迹，让孩子可以嗅出气味，因此父母在清洗它时遇到了难题。另一位心理学家安娜·弗洛伊德（Anna Freud）认为，过渡性物体一开始对应于母亲和孩子的身体特征开始被转移到一个柔软物体上：褥子、枕头及被子。

接下来，孩子对过渡性物体的依恋会发展成为对其他某些玩具产生热情，这些玩具形态柔软、形式多样，具有各种象征特征，时而被温柔地挤压，时而被粗暴地对待。由于这类物体没有生命，无法报复，孩子可以对其表露爱与恨交织的复杂情感。再之后，这些曾被孩子深情地抱在胸前的物体将逐渐被淡化，唯有在临睡前它们还能帮助孩子从外部世界中退出，从而回归到睡眠当中。

热内韦里尔·布朗热－巴雷古耶（Geneviève Bou-langer-Balleyguier）也对这种依恋物体的变化进行了研究。她把6个月大时孩子手中的过渡性物体称之为"先导品"，通常是母亲给的、无法调换的物体（小熊、被子、布面褥子）。在后半年里，开始变为有明显区别的、无法代替的物体，这时才算得上是真正的"过渡性物体"。孩子两岁以后，则大多是布娃娃或者毛绒动物，均体现出了柔软和带绒毛的特点，即象征了人体的特点。依恋物可从婴儿三月龄时开始使用，在两到三岁时意义重大，五岁时逐渐消失作用。

但也并不是所有的孩子都需要依恋物，虽然这并不常见。有些孩子更喜欢吮吸手指或橡皮奶头来自我安慰，尽管如此，他们并不排斥过渡性物体的出现。

过渡性物体的使用带有很深的文化印记。在亚洲、非洲和中美洲的国家里它并不存在。因此可以推测，正如橡皮奶头的功用一样，在这些国家里母亲的乳房在哺乳之外还起着抚慰的作用，孩子即使长大了，也可以揉捏抚摸。过渡性物体在所有西方国家都可见，只是根据民众的不同而各有区别。意大利研究人员发现，在罗马地区有 5% 收入中下的乡村居民、31% 的城市居民和 61% 的上层英美家庭里都使用此类依恋物。然而相对社会经济条件而言，这些差距看上去更与不同的教育背景有关。在一项实验中研究了三组经济水平相当但背景文化不同的孩子，拥有过渡性物体的儿童所占比例为：54% 在美国的美籍儿童，34% 在美国的韩裔儿童，而在自己祖国的韩国籍儿童中拥有率只有 18%。

需要一个依恋物陪伴是孩子临睡前的习惯做法之一，这些习惯有组织功能，能帮助孩子疏通焦虑感。

结论

"婴幼儿的成长是普遍的？"

在当代西方文明中，父母们热衷于讨论育儿方法和孩子的发展，然而，在某些传统文明中这种现象却为数不多。

原因有着多方面因素：

首先几个世纪以来，家庭结构核心化日趋加剧，年轻父母与家庭其他成员分离。仍然存在于非洲、印度及马格里布等地区的大家庭结构，却已经在我们的文明中逐步消失。

此外，养育孩子的习俗不再是通过口传身授的方法来传递，由母亲们代代相传的做法已经基本无法实现。如今的父母们更是求助于外部信息资源。自 20 世纪 80 年代以来，越来越多的人开始对母亲如何照管孩子进行研究。妈妈们一边询问所获信息的合理性，另一方面又敞开心态去了解和运用其他的相关知识。大家都会观察到这种引进事物和做法的现象，不少外来事物已被引进，例如袋鼠抱袋和婴儿按摩法，以及有时可以代替早产儿暖箱的皮肤接触方法。

然而，那些传统文明中的照管方法直接源自人们对孩子的看法和所认知的孩子表象。在非洲，人们之所以大胆地摆弄婴儿，是因为觉得他/她并不脆弱。而且，非洲孩子的心理性活动发育比西方的孩子更早些：他们挺直脑袋、保持坐姿及蹒跚学步均比西方孩子提前了好几个月。

孩子们之所以存在发育成长差异，且进度不一，是因为养育他们的方式不一。非洲婴儿的心理性活动发育超前，因其母亲在怀孕时就懂得多种按摩方法，有独特的饮食制度，尤其是他们成天被母亲背在身上，接受了许多有利于发育的外部刺激。而在两岁左右时，他们的领先地位消失，文化习俗视角的研究显示这时正值孩子的断奶期。

因此，尽管孩子的成长发育中的生理变化具有普遍性，并不能忽视每个社会中特有的文化分量，它们构成了各种各样的育儿方法和实践。在此，务必记住儿童心理学先驱瓦龙（Wallon）的这句名话："人——尤其是儿童——是生物性的，故必然也是社会性的。"

图书在版编目(CIP)数据

婴儿的心理世界／(法)于宾-盖特 著；徐海燕译.
—北京：中央编译出版社，2013.7
ISBN 978 - 7 - 5117 - 1662 - 0

Ⅰ.①婴…

Ⅱ.①于… ②徐…

Ⅲ.①婴幼儿心理学

Ⅳ.①B844.11

中国版本图书馆 CIP 数据核字(2013)第 110037 号

Translation from the French language edition of：
LES BEBES by Mylène HUBIN – GAYTE
Copyright LE CAVALIER BLEU c/o Cristina Prepelita Chiarasini，Paris
through Divas International for the Chinese translation.

婴儿的心理世界

出 版 人	刘明清	
出版统筹	薛晓源	
策 划 人	西　畴	
责任编辑	王忠波　隋　丹	
责任印制	尹　珺	
出版发行	中央编译出版社	
地　　址	北京西城区车公庄大街乙 5 号鸿儒大厦 B 座(100044)	
电　　话	(010)52612345(总编室)　(010)52612339(编辑室)	
	(010)66161011(团购部)　(010)52612332(网络销售)	
	(010)66130345(发行部)　(010)66509618(读者服务部)	
网　　址	www.cctphome.com	
经　　销	全国新华书店	
印　　刷	北京印刷一厂	
开　　本	880 毫米×1230 毫米　1/32	
字　　数	65 千字	
印　　张	4.5	
版　　次	2013 年 7 月第 1 版第 1 次印刷	
定　　价	28.00 元	

本社常年法律顾问：北京市吴栾赵阎律师事务所律师　闫军　梁勤
凡有印装质量问题，本社负责调换。电话：(010)66509618